聊出
好作文

LIAOCHU HAOZUOWEN

张初吴　韩仁琼◎著

北京师范大学出版集团
BEIJING NORMAL UNIVERSITY PUBLISHING GROUP
安徽大学出版社

图书在版编目(CIP)数据

聊出好作文/张初吴,韩仁琼著.—合肥:安徽大学出版社,2019.10(2022.9重印)

ISBN 978-7-5664-1798-5

Ⅰ.①聊… Ⅱ.①张… ②韩… Ⅲ.①作文课－中小学－教学参考资料 Ⅳ.①G634.343

中国版本图书馆 CIP 数据核字(2019)第 046309 号

聊出好作文

张初吴 韩仁琼 著

出版发行：	北京师范大学出版集团
	安徽大学出版社
	(安徽省合肥市肥西路 3 号 邮编 230039)
	www.bnupg.com
	www.ahupress.com.cn
印　　刷：	合肥图腾数字快印有限公司
经　　销：	全国新华书店
开　　本：	710 mm×1010 mm　1/16
印　　张：	12.25
字　　数：	181 千字
版　　次：	2019 年 10 月第 1 版
印　　次：	2022 年 9 月第 3 次印刷
定　　价：	24.00 元

ISBN 978-7-5664-1798-5

策划编辑：钟 蕾 侯 静　　　　　装帧设计：李 军
责任编辑：侯 静 汪迎冬　　　　　美术编辑：李 军
责任印制：陈 如 孟献辉

版权所有　侵权必究

反盗版、侵权举报电话：0551－65106311
外埠邮购电话：0551－65107716
本书如有印装质量问题,请与印制管理部联系调换。
印制管理部电话：0551－65106311

序

作文难写,似乎已成了大家的共识。

于是,各类作文指导类书籍充斥市场。这些书籍不外乎满分作文汇编、名师指导等。它们或提供现成的、模式化的作文,或选择几篇范文,讲解它们的亮点、写作时如何模仿这些亮点,然后,布置题目让学生练习;而其中关于作文写作的各类"理论""概念"也层出不穷,令人"目不暇接"。

这些书籍的共同特点是,都没有站在学生的角度来思考作文,即没有从学生真实的思维能力出发、没有从学生所拥有的写作素材出发、没有从学生所拥有的语言基础出发、没有从学生作文过程中遭遇的种种困境出发。一句话,没有从学生的真实感受、真实需求出发。

学生的真实需求是什么?是希望在下笔前,能获得详尽的过程指导,将作文题目与自己的生活、自己的想象、自己的能力、自己拥有的语言等轻松对接。这个过程包括选材、构思、选词、造句、组段等等。在整个构思作文的过程中,学生常常感到非常无助,叫天天不应,叫地地不灵。此时,学生最渴望获得的是及时的、有针对性的帮助。本书的目标就是着力解决这一难题。

　　学生为什么感觉作文难写？这首先是因为老师布置题目时的定势思维。老师总是习惯布置一些老套的、固化的作文题,类似于《一件有意义的事》《课间十分钟》《我的妈妈》,等等,这些作文题非常古板、毫无新意。其次是因为老师对作文的要求苛刻。如教师将作文的内容与个人道德品质这两个本来毫不相干的东西联系在一起,美其名曰"作文如做人"。例如,写《放学路上》时,学生绝对不能写他去玩游戏了、他搞恶作剧了、他打架了,否则,就会被老师找去谈话。种种限制,使得学生在下笔前就对作文充满了恐惧,自然也难以写出令老师满意的作文。这严重影响了学生写作文的积极性,导致学生越来越不敢写作文、越来越不想写作文。

　　如果学生在写作前能有一个平等的交流者(不是概念的讲解者、规则的提出者、号令的发出者)、引领者,与学生反复地讨论,慢慢地引导他们从自己的生活积累中挑选合适的素材,一步步地细化素材,并指导学生将各种写作手法有意识地运用到写作中去,那么,对于学生来说,写作就会变得轻松许多。引领者的责任是引着学生去寻找、去发现、去选择、去确认,而不是代替学生思考。引领者的价值是激发学生的兴趣。

　　对于学生而言,没有什么比培养写作兴趣、从写作中获得成功感更有价值。对写作文有兴趣的学生就会写出更多、更精彩的作文,从而获得更多的成就感;而成就感又会让学生对写作产生更浓的兴趣。

　　德国哲学家雅斯贝尔斯说过,教育的本质,就是一棵树摇动另一棵树,一朵云推动另一朵云,一个灵魂唤醒另一个灵魂,所以在本书中,我们设计了一棵大树作为学生写作前的交流者、引领者。

　　只要你愿意,每个人都可以成为这棵大树:如果你是家长,用书中的方式和思路与孩子交流,不仅能促进孩子写作能力的提升,更能和谐亲子关系;如果你是老师,用这种方式与学生交流,相信学生会自然而然地爱上写作、爱上老师;如果你是学生,可以用书中的思路与同学交流,相信在交流中,大家都能获得写作能力的提升。

让写作变得单纯一些,让写作的目标变得单纯一些;关注学生作文中的亮点,关注学生作文中的进步;并用真诚的赞美和鼓励,让学生在赞美和鼓励中获得动力、获得成就感。

不记得在哪儿读过这样的话:如果我们能以看孩子学步时的心态,来满脸欣喜地看着孩子,相信我们的面前一定会有更多的成功者。幼儿蹒跚而行,走路不稳,随时可能跌倒,父母并没有急于上前扶上一把,而是在不远处鼓励他、表扬他。没有哪位父母会指责孩子为什么不迈开大步,为什么不昂首挺胸。因为他们知道,这是起点,不久的将来,孩子一定会迈着有力的步伐向他们走来,父母需要的是耐心的等待。写作又何尝不是如此呢?

让我们用欣赏的眼光去看学生的作文,不断发现他们作文中的亮点,不断地鼓励他们,让他们不断地累积自信,不断地获得成功感。相信,随着时间的推移,孩子们一定会写出令我们惊奇的作品。

目录
CONTENTS

新手起步篇　　　　　　　　　　　　　　1

2　单幅图看图写话
　　——运动场上的见闻

7　多幅图看图写话
　　——鸡妈妈和她的孩子们

10　多幅图看图写话
　　——小男孩儿和小青蛙

14　单幅图看图写话
　　——剥豆子

17　技巧点睛（一）　可不要小看那些不起眼的标点哦

循序渐进篇　　　　　　　　　　　　　　20

21　我的好伙伴

24　美丽的春天

28　……的旅行

31　悼念那曾经陪伴我们的乳牙

34　技巧点睛（二）　我们来聊一聊那些神奇的句子吧

茅塞顿开篇　　　　　　　　　　　　36

- 37　重新认识零食
- 40　一棵大树的忠告
- 43　学会了爱
- 46　技巧点睛(三)　段落顺序的安排对文章的影响可大了

渐入佳境篇　　　　　　　　　　　　48

- 49　我的妈妈
- 52　可爱的小猫
- 55　风筝
- 58　雨
- 61　技巧点睛(四)　如何设计精巧的首尾

佳作迭出篇　　　　　　　　　　　　64

- 65　一张让人沉思的照片
- 68　我与蚊子的战争
- 71　轻松搞定读后感
- 74　那看不见、摸不着的风
- 77　技巧点睛(五)　怎样使文章的内在联系更加紧密

触类旁通篇　　　　　　　　　　　　79

- 80　一张照片就是一篇文章
- 83　别人家的孩子
- 86　来,让我们谈谈书吧
- 89　作业很烦人,我想吐槽一下
- 92　技巧点睛(六)　修改,让作文脱胎换骨

兴味盎然篇　　94

- 95　你喜欢我家的小乌龟吗
- 98　吐槽一下出校门之难
- 101　因偶然而成就的美文
- 104　共赏烟花美景
- 107　技巧点睛(七)　人物对话前的提示语很重要哦

独树一帜篇　　109

- 110　对垃圾的认识,是不是该变一变了
- 113　从100到1000,看我变变变
- 116　喜欢自己的N个理由
- 119　有一天,当父母突然之间变成了婴儿
- 123　技巧点睛(八)　我们谈一谈审题吧

思如泉涌篇　　126

- 127　这个世界上有一种东西非常神奇,你知道吗
- 129　让我们仿写一回吧
- 132　有关唐诗宋词赏析的作文
- 135　关于母亲节的作文
- 137　技巧点睛(九)　你能和我聊聊立意吗

不拘一格篇　　139

- 140　我想吐槽一下学校的课程设置
- 143　如果有了克隆人,会怎么样呢
- 146　换一个角度写我家
- 149　假如地球没有了引力
- 151　技巧点睛(十)　跟我谈谈作文的构思吧

匠心独运篇 — 153

- 154 体验读书的乐趣
- 157 你看,你看,这是我堆的雪人
- 161 关于自然界万物"性格"的思考
- 164 寻找父母爱我们的细节
- 167 技巧点睛(十一) 拟写作提纲有用吗

乐此不疲篇 — 169

- 170 写一篇情节跌宕起伏的作文
- 173 你观察过自己笑的时候吗
- 176 将《记承天寺夜游》变成一篇优美的散文
- 179 来一个智力测试,怎么样
- 182 技巧点睛(十二) 寻找写作文的捷径

- 184 结束语:大树的一点思考

新手起步篇

单幅图看图写话
——运动场上的见闻

我记得很清楚,那一天,秋高气爽,天高云淡,我正沉醉于那梦幻般的秋色中。一个小男孩儿来到我的身边,将书包一扔,长长地叹了一口气。看到他那么小,居然叹出这么长的一口气。我想,他一定是遇到什么困难了。于是,我忍不住问道:"小朋友,你怎么啦?"

小男孩儿很惊讶地看着我,大概是惊诧于一棵大树会说话吧。"唉,老师要我们写作文,我刚上三年级,从来没有写过作文,我感觉头痛死了。"

"写作文很容易的,有什么可怕的呀?"

"又不是让你写,你当然不怕了。"

"哈哈……"我笑了起来,"说给我听听,说不定我能帮到你呢!"

"你?"小男孩儿用怀疑的目光看着我。

"是呀。"我说,"我虽然没有写过文章,但站在这儿,很多年来,听许多人在我这儿读过好多好多文章呢!好多精美的文章,我都记忆犹新呢!"

"那好吧。"小男孩儿说。似乎是将死马当活马医吧,他拿出了老师给他布置的作文题目。

"你看,就是这幅图。你说怎么写?"

我仔细地研究了一下小男孩儿手中的那幅图,"就这个呀,太容易了。"

"你就吹牛吧!"小男孩儿生气地说。

"哈哈!先别说是不是吹牛,我们来讨论一下这幅图吧。"

"你看这幅图画的是什么地方?"

"运动场呀。"

"很好。"我说,"人们在运动场上干什么呢?"

"我来看看。"小男孩儿指着图说,"有跳高的,有跳远的,有扔实心球的,有跑步的。"

"不错,还有没有了?"

"还有在观众席上观看的。"

"非常棒!你看,图中的几类人都被你——分清了。"我说,"现在你想一下,如果让你扔实心球,你会怎么扔?麻烦你做个动作,给我看一下。"

小男孩儿很听话地做了个扔实心球的动作。

"哈哈,很标准啊。"我说,"你能不能用语言描述一下你刚才做的这个动作呢?"

"我用右手紧紧地握住球,身子往后仰,将右臂使劲地往上抬,然后用力地将球推出去,球随即被抛向了远处,还滚了一会儿,然后慢慢地停了下来。"小男孩儿说。

"非常棒!那你想想,刚才你抛球的时候脸上是什么样的表情?"我说。

"我握着球的时候,心里有些紧张,脸上的表情很严肃,我感觉脸上的肉紧绷着。"

"漂亮!"

"那跳远呢?你也做一个动作给我看看。"

小男孩儿又做了一个跳远的动作。

"描述一下自己刚才是怎么做的。"

"我站在起跳线前,将身体尽可能地伸长,把双臂向上伸展且往后仰;然

后,我用力跳向前方,双脚尽力抬起,希望自己尽可能地往远处落。"

"看看,你描述得多准确呀!很好!"我说。

"那跑步呢?你描述一下。"

"身子前倾,双臂有力地前后摆动着。"小男孩儿说。

"跑步的时候,你的呼吸是什么样的?"

"呼吸一开始还算正常,后来慢慢变得急促;再后来我就张着大嘴巴,感觉出不了气了。"

"哈哈!描述得多细致呀。"我说,"跑的过程中有没有想放弃的念头?"

"当然有了,好多次都想放弃,但最后还是坚持住了。"

"漂亮!"

"那看台上的人在干什么呢?"

"看台上的人有很多。他们有的在说笑,有的在鼓掌,有的在大声喊着'加油',还有的站起来欢呼呢。"小男孩儿说。

"真棒!"

"你看,刚才我们居然聊出了这么多素材。你觉得这些够你写一篇作文了吗?"

"哈哈,够了!我一开始感觉头疼,是因为我什么都没有做,也不想去做,主要是怕麻烦。"

"你说得非常有道理。"我说,"其实有什么可怕的呢,我们还有好多素材都没有展开呢!"

"还有呀?"

"对呀!你想,我们还可以写运动会开在什么环境下、什么天气中……"

"没想到一幅图中竟然有这么丰富的内容。"

"现在你要做的事情是确定你在哪儿。"

"我在哪儿,这很重要吗?"

"当然。"

"我在看图呀。"小男孩儿笑着说。

"如果图中有一个人是你,你可能在哪儿呢?"

"我可能在看台上,也可能在参加某一项运动。"

"很好。让你确定自己的位置,主要是为了让你选择一个叙述的角度,这样你就不至于在叙述时乱了套,明白吗?"

"哦,原来如此,我明白了。我的位置不同,叙述的内容就不一样,对吧?"

"非常聪明。"

"是不是每一项运动都要像刚才我们说的那样去写呢?"小男孩儿问。

"当然可以。你也可以选择其中一项详细写,其他的略写。"

"哈哈,太好了!我会很快就写好的,谢谢你啦!"

"不用谢。写作文真的很简单。你可以把我们刚才交流的内容简单地归纳一下。"

"我们刚才将整幅图切分成了几个小块儿,我们可以详细描述每个小块儿,并适当地想象当时的情形。对不对?"

"是啊!还有呢?"

"你让我做各种运动时的动作是什么意思?"

"让静态的图变成动态的呀。"

"明白了。是用想象化静为动。"

"对呀!简单的说就是,看清图,确定重点;分块细看,适当想象;化静为动,整体联动。"

"太多了,我记不住。"小男孩儿说。

"哈哈,那我们就再简单点。写好看图作文须坚持四个字:读懂、读动。"

"好的,我有点儿明白了。以后我有困难,你还会帮我吗?"小男孩儿问。

"当然会了。我永远站在这儿,你可以随时来,我一定尽力帮助你。"

"谢谢你呀!"小男孩儿微笑着,迈着轻快的步子走远了。

我,作为一棵大树,有一种莫名的成就感。

运动场上的见闻

我坐在观众席上,观看着眼前一个个精彩的场景:

只见扔实心球的同学,那握实心球的手微微发抖,在迈开步子的同时,"砰"的一声,球落到了远处;跑步的同学们像脱缰的野马一样冲向终点;那边跳高的同学,轻轻一跃,就跃过了杠子,像小燕子一样轻盈;再瞧那边跳远的同学们,他们个个好似活蹦乱跳的小兔子,在沙坑里蹿来蹿去,他们的动作真灵活啊!

坐在看台上的我们,喊的喊,跳的跳,吼的吼,鼓掌的鼓掌,非常兴奋!

多幅图看图写话
——鸡妈妈和她的孩子们

那天,我正在闭目养神。小男孩儿快步跑到我面前。

"快帮我看看这几幅图。好多图呀!这可比上次难多了。"小男孩儿说。

"我来看看。"

我仔细地研究了一番后,说:"这个也很好写呀!你看懂这几幅图了吗?"

"我试着用你教给我的方法仔细看了,但有几个地方没看懂。"

"那你说说看,哪儿没看懂?"

"那只小鸡为什么跑了?"

"你说呢?"

"我猜肯定是什么东西吸引它吧!"

"对呀!会是什么东西吸引了它呢?"

"它可能想我为什么不自己玩呢,或者我自己去找吃的,或者那儿一定有美丽的花儿。"小男孩儿说,"还有,小猫本来是很可爱的;但是看这只猫的

眼睛,它似乎不怀好意呀。"

"不错!你观察得很仔细。它想干什么呢?"

"干什么呢?"小男孩儿自言自语道,"它一定想欺负小鸡。"

"有道理。还有不懂的地方吗?"

"我不清楚鸡妈妈为什么突然跑过去了。"

"你猜。"我笑着说。

"我想,它一定是听到了小鸡的大声呼喊'妈妈,快来救我呀!'才跑过去的。"

"对呀!真聪明!"

"你看鸡妈妈嘴上叼的是什么呢?"

"你看像什么?"

"我看像一条小虫子。"

"哈哈,我看也像。"

"那后面还有几只小蝴蝶,是什么意思?"

"你知道儿歌《小蝴蝶》吗?"

"知道呀!小蝴蝶,真美丽。两只翅膀穿花衣,飞到东来飞到西,快快乐乐采花蜜。"

"漂亮!那你说小蝴蝶出现在图中,表明了什么呢?"

"表明了快乐,对吧?鸡妈妈战胜了那只猫,它们一家人高高兴兴地回去了。"

"太棒了!现在,你全弄懂了吧?"

"嗯嗯,应该没有问题了。我现在有点儿明白你说的'读懂、读动'的意思了。我觉得还可以加上'读出想象,读出每一个小动物可能说出的话'。"

"漂亮!"我称赞道。

"那我可不可以写一写母鸡、小鸡以及那只猫的外形和眼神呢?"

"你认为呢?"

"我觉得可以写。这样,我作文的内容就更丰富了。"

"非常好!刚开始写作文的时候,你不要追求那么多。首先要保证能写出来,能写出来就已经很棒了;等练一段时间后,你再考虑如何把作文写流畅,写精彩。一步一个脚印,不要急,好不好?"

"那当然好了。谢谢你,有了你的帮助,我觉得写作文容易多了。"

"可我什么都没有说呀,所有内容都是你自己发现的呀。你非常棒!"

听到我的表扬,小男孩儿笑眯眯地回去了。

鸡妈妈和她的孩子们

鸡妈妈和小鸡们在院子里觅食,一只小鸡掉队了。掉队的小鸡被前面那美丽的花儿吸引了。他东看看,西瞧瞧,正沉浸在这美景中呢。

这时,一只饥饿的猫钻了出来。他看见了那只掉队的小鸡,立刻露出了邪恶的目光。他觉得眼前站着的不是一只小鸡,而是一块美味的鸡肉。他轻手轻脚地走了过来,到了小鸡面前,"喵——"的一声,小鸡被吓了一跳,立刻大叫起来,"妈妈——妈妈——",鸡妈妈正在寻找自己的孩子,听到小鸡的叫声,立刻飞扑过来,对着猫就啄。那只猫边跑边说:"我啥也没有做呀!你干吗追我?""以后离我的孩子们远点,我可不是吃素的。"鸡妈妈警告道。

危险解除了,鸡妈妈和小鸡们又开始快乐地觅食。你看,鸡妈妈还捉住了一条大大的虫子呢!孩子们都跟在她的后面,高高兴兴的,连蝴蝶都羡慕他们一家呢!

多幅图看图写话

——小男孩儿和小青蛙

一天,我正在享受着和煦的阳光,小男孩儿拿着一幅图,来到我跟前,对我说:"你看看这几幅图。"

"怎么啦?"我问。

"有六幅小图呢!比上次增加了两幅,好难呀!"

"难在哪儿呢?"

"难在……?"

"哈哈!你认为图多就难,对不对?"我说,"你是自己把自己给吓唬住了,把自己吓唬得都不愿意想了。对吧?"

小男孩儿被我说得有些不好意思了。

"你说给我听听,好不好?"我柔声地说。

"一个小男孩儿捉到了一只小青蛙,并用绳子将它拴了起来。他看着小青蛙跳来跳去,很高兴。突然,他想起老师说过青蛙是有益的动物,就到河边将小青蛙放了。"

"你说得很好啊!"我说。

"可这太短了,肯定过不了关的。"

"那你准备再添点什么呢?"

小男孩儿抓耳挠腮,似乎说不出来了。

"你说小男孩儿很高兴,从哪儿看出来的呢?"

"你看他咧着嘴笑,大步往前走,看起来有点像小跑呢!"

"哦,原来如此。"

"你怎么知道他捉的是青蛙呢?"

"明白了。我要去描写青蛙的外形,然后确定那是青蛙,对吧?"

"漂亮!你说小青蛙跳来跳去,是什么意思呢?"

"你看,一张图上的它蹲在小男孩儿的面前,一张图上的它跳起老高了。"

"很好。你想一想,小青蛙这样是想逃脱小男孩儿的束缚,它会不会——?"

"哦,我明白了——它会叫,'呱呱'地叫起来。"

"你觉得这叫声会是什么样的呢?"

"会是哭喊声。它肯定是喊妈妈来救它。"

"这叫声是不是凄惨的呢?"

"那肯定是凄惨的。"

"这叫声会不会影响小男孩儿的选择?"

"我明白了。小男孩儿听到小青蛙凄惨的叫声,想到它的妈妈一定在找它;想到自己如果在外面没有按时回家,妈妈一定会非常着急;又想到老师讲过的话。这样,他就做出了放了小青蛙的决定。"

"太棒了!我们再接着看图。你有没有注意到2、3两幅图上各有一个类似省略号的东西。"

"让我看看。"小男孩儿说,"你不说,我还真没有注意到呢!这是?"

"你猜。"我说。

"小男孩儿心里乐开了花,在那儿高兴地哼歌呢!"

"漂亮!"我说,"哼什么歌?"

"我哪里知道。"

"图中没有任何提示,你说他哼什么歌,他就哼什么歌,重要的是要跟下文有联系。"我说。

"那好,我让他哼《小青蛙》这首歌。'小青蛙呀/小青蛙呀/在池塘里游玩/东边跳跳 西边跳跳/多么快乐逍遥/咕哇呱呱/咕哇呱呱/咕哇 咕哇 咕哇……'"

"太棒了!看你多厉害,小男孩儿这样一哼,发现自己做得不对了,然后,自然就将小青蛙给放了,对不对?"

"对呀!哎呀,我刚才怎么就没有想到呢!"

"现在想到也不迟呀!"我说。

"可这是你帮我想的呀!"

"我没有帮你呀!我只是问了你几个小小的问题而已,别的我什么也没有说呀。"

"我要向你学习。学着问问题,不断地追问,然后再去寻找答案。这样,问题就解决了。"

"哈哈!坏了,你把我的绝招都学去了,我以后可怎么办呀!"我笑着说。

小男孩儿笑眯眯地说:"这篇作文,我可以写得很长很长哦!"

小男孩儿和小青蛙

一个可爱的小男孩儿捉到了一只活蹦乱跳的小青蛙。小男孩儿把小青蛙用绳子拴了起来,绳子的另一头系在了竹竿上。小青蛙使劲地挣扎,却无法逃脱。

一回到家,小男孩儿就坐在椅子上看小青蛙跳来跳去。只见被拴着的小青蛙在他的身边不断地跳跃着,还"咕哇,呱呱"地叫着,小男孩儿看着小青蛙的样子,忍不住笑了起来,嘴里还哼着"小青蛙呀/小青蛙呀/在池塘里游玩/东边跳跳 西边跳跳/多么快乐逍遥/咕哇呱呱/咕哇呱呱/咕哇 咕哇 咕哇……'"唱着唱着,小男孩儿觉得有点儿不对劲,他想到老师说过青蛙是田里的小卫士,一天能吃许多害虫……

想到这儿,小男孩儿感到万分惭愧。他急忙跑到小河边,小心翼翼地把小青蛙放回小河里。小青蛙在河里扑腾了两下,欢快地游走了。小男孩儿看着游走的小青蛙,心里有一种说不出的愉快感。他还特地做了一个牌子插在田边,并在上面写道:保护青蛙。

单幅图看图写话

——剥豆子

　　那天,春风吹得我懒洋洋的。小男孩儿来到我面前,刚刚跟我打过招呼,就迫不及待地说:"看图写话,我都能写出来,只是,只是……"

　　我问:"只是什么呀?"

　　"只是——你看这幅图,可写的内容太少了,根本没有办法写呀。"小男孩儿挠着脑袋,不好意思地说道。

　　"我来看看。"我说,"确实蛮少的,怪不得你说没有办法写。"

　　"不是我懒吧?"小男孩儿似乎有些释怀了。

　　"你看懂这幅图了吗?"

　　"看懂了呀!一个小女孩儿在帮奶奶剥豆子。"

　　"就这幅图而言,你还可以写些什么呢?"

　　"可以写两个人的外貌、动作,还有她们正在剥豆子等。"

"两个人在一起,还可能有?"

"可能有对话,对吧?"

"是呀,还可能?"

"还可能是奶奶在教小女孩儿剥豆子。"

"对呀!你剥过豆子吗?"

"剥过呀!"

"那你回忆一下,在剥豆子的过程中,你感受到了什么?"

"嗯——,我能看到豆子的形状,能感受到豆壳毛茸茸的,能闻到一股豆子特有的味道,甚至还可以将豆子放到嘴里尝尝呢!"

"哈哈,漂亮!你看,你可以尝试着用多种感觉器官来感受这粒豆子。这样,作文的内容是不是丰富一些了呢?"

"对呀,那还有什么方法能让作文的内容更丰富一些呢?"

"你刚才说过了呀,奶奶在教小女孩儿剥豆子。什么叫'教'?"

"我想起来了。我一开始剥不好,用嘴咬,咬了一嘴的绒毛,奶奶还笑话我了呢。"

"看看,这样,情节就变得曲折了,对不对?"

"对呀!我还可以加一个'曲折'进去。"小男孩儿兴奋地说。

"什么'曲折'?"

"小女孩儿本来在玩,看到奶奶剥豆子,她也要剥,奶奶不同意,她却非要剥不可,奶奶没有办法,只好同意她剥。这样,不是更有趣吗?"

"太棒了!你咋这么厉害呢?这就是一个完整的故事了。"我情不自禁地称赞道。

"哈哈,我明白了,我们要学会让人物动起来,让事件向前、向后延伸,然后用多个感官去感受,还要让情节变得曲折起来。这样,作文的内容就会变得越来越丰富,对不对?"

"太棒了!没想到你小小年纪,却这么善于总结,了不起呀!"

"再见!我要回去写作文了!"小男孩儿高高兴兴地回去了。

剥豆子

奶奶拿来一篮豆角,我看见了,立刻来了兴趣,坐下来准备剥。奶奶说:"你剥不好,别动!"

奶奶的话让我很生气。我连豆子都剥不好?怎么可能?于是,我头也不抬,拣起一个豆角就开剥。谁知,这豆角似乎在跟我作对,豆米就是不出来。我气得把豆角都折断了,费了好大劲才挤出了豆米。

奶奶看到我吃力的样子,笑着说:"小宝贝儿,你看我是怎么剥的。"我仔细地观察了奶奶剥豆角的过程。原来,奶奶先找到豆角两瓣的结合部,用指甲轻轻地一触外壳,两瓣自然分开,豆米也就自然地落了下来。

原来是这样呀!我用奶奶的方法试了几次,这方法果然好用。我剥豆子的速度也越来越快了。

在剥豆子的过程中,我还仔细地研究了豆角:它全身毛茸茸的,摸上去很舒服;中间有豆米的地方鼓鼓的,闻起来有一股田野的香味;我试着将生豆米放在嘴里嚼了嚼,有一股清香的味道。

剥完豆子后,我发现自己的指甲居然被染上了豆角的颜色。这可比染指甲油好看多了。

技巧点睛(一)
可不要小看那些不起眼的标点哦

"今天老师给我们上了一堂非常有趣的课。"小男孩儿对我说。

"怎么有趣了?说给我听听呗!"

"老师说要让我们见证一个奇迹。"

"什么奇迹?"

"嗯——"

"别哼哼唧唧的,我都等不及了。"我说道。

"哈哈,逗你玩一下嘛!"小男孩儿说,"老师让我们见证一个关于标点的奇迹。"

"标点能有什么奇迹呢?"我说。

"哈哈,这你就不懂了吧!我说给你听听,让你也长长见识。"

"好的。那我可要好好听听。"

"'这件事你会不会'这个句子可以有多少种读法?"

"多少种读法?"

"就是可以表达多少种意思。"

"不清楚啊!我给问糊涂了。"

"我们是不是可以这样读:'这件事你会不?会!''这件事你会?不会!''这件事,你会不会?'"

"哎呀,我还真不知道呢!谢谢你呀,小老师!"

"哈哈!听明白我的意思了吗?"

"老师,我似乎听懂了。"我谦虚地说。

"那好,老师再考你一下。"小男孩儿笑眯眯地说,"'学生没有老师将会一事无成'这个句子可以有多少种读法?"

"老师,请容我想一会儿。"我笑着说。

"好吧!看在我们是老朋友的份上,让你多想一会儿。"

"可以这样读:'学生,没有老师,将会一事无成。''学生没有,老师将会一事无成。'"

"哈哈!没想到,你还蛮聪明的嘛!"

"谢谢老师的表扬。"我调皮地说。

"那我再考你一个,看你行不行。"小男孩儿说。

"好的,学生愿意接受老师的考验。"

"'哥哥说我是个好青年'这个句子可以有多少种读法?"

"哥哥说:'我是个好青年。''哥哥说我,是个好青年。''哥哥说我,是个好青年?'"

"大树我可真佩服你。我最头痛的问题,你居然这么轻松地解决了。给我说说你的感想吧。"

"哪有什么感想呀!不就是慢慢地品味,不断地试着拆分,通过这些方法来尝试着表达不同的意思嘛!"

"有什么秘诀吗?"

"你都考我了,你还问我秘诀!"

"哈哈,你上当了!刚才那三个句子是老师考我们的。"

"啊?那我可要打你的小报告了。"

"哈哈!还是说说你的秘诀吧!"

"真的没有秘诀,不过是不断地试用各种标点进行断句,以表达不同的意思。"

"我想起来了,老师今天在讲评作文时,点我的名了。"

"为什么呢?"

"她称我为'逗逗将军'。"

"这可真是一个奇特的称号啊!她为什么会'授予'你这样一个称号呢?"

"你还逗我,她这是挖苦我呢!"

"挖苦你什么?"

"挖苦我作文中用的标点,是一'逗'到底。"

"哈哈!看来,你们老师还是蛮幽默的呀!你不解释,我还真不知道她的意思呢!"

"你说我该怎么办呀?"

"这哪里需要我说呀！你自己就能很好地解决这个问题。"

"你这么相信我?"

"当然了。我们认识这么长时间了,我非常了解你。只要你自己注意到这个问题,一定会很快把它解决的。"

"以前我还真没有注意到这个问题。"

"是啊！以前我只是听你读,也没有注意到你使用标点的问题。"

"老师批评我之后,我看了一下课文,特别注意了一下标点,文中确实没有一'逗'到底的。我们应该注意句子之间的关系,注意句子的意思是否表达完整了,注意句子中所包含的情感。"

"非常好！能注意到这些,标点的用法你基本上就掌握了。"

"老师还说,我们一定要做一个热爱自己国家语言的人。"

"她为什么这么说?"

"她说,有的同学用汉字写作文,却用英文的标点来断句。"

"原来如此,你们老师这么风趣。这样,你们一下子就记住了,对吧?"

"是呀！我现在一用标点,脑子里立马就会出现'热爱汉语'四个字,你说好玩不好玩?"

"这说明你们老师用一种非常有趣的方法让你记住了中英文标点之间的区别。"

"是呀,我也要谢谢你这位老师呢!"小男孩儿说。

"可我刚才还在喊你老师呢。"

"哈哈,那我们就互为老师吧！我帮助你,你也帮助我。"

"好的,一言为定!"我说。

循序渐进篇

我的好伙伴

"老师要我们写'我的好伙伴'。我不想写我的那些同学,我想写你,行不行?"小男孩儿来到我身边,悄悄地对我说。

"为什么不想写自己的同学呢?"

"一提'好伙伴',很多人自然而然地就会想到同学。"

"那你会想到什么呢?"

"让我想想。"小男孩儿说,"我会想到爸爸妈妈、书桌、书、书包、篮球……"

"这些都可以。'好伙伴'其实就是经常陪伴你、给你帮助、为你加油的人或物。"

"这么说,'好伙伴'可以有很多了?"

"对呀!在思考作文题目的时候,我们可以在给定的范围内,将关键词拓展得更广一些,而不仅仅是眼前的,或者条件反射式的范围内的。"

"哈哈,我明白了!在保证不偏题的前提下,我们应该尽最大可能来拓展作文题目中核心词的范围。这样,可供选择的方面就多了。对吧?"

"那当然了。"我说。

"虽然有这么多的选择,可我还是要写你。"小男孩儿有点儿耍赖似地笑着说。

"那当然好了。谢谢你!"

"那你说,我该写些什么呢?"

"我想听听你的看法。"

"我经常到你身边玩,你默默地陪伴着我。"

"很好。还有吗?"

"躺在你的身边,看天上云卷云舒,我的内心很平静。"

"很有诗意。"

"和你在一起,我会很放松,不像跟老师在一起,我会感觉很紧张,时时担心自己会被老师批评。"

"哈哈……"我笑了。

"我可以站在你的身旁,听风摇动你的叶子时发出的轻柔的声音。那声音如乐曲一般美妙。"

"你这样说,让我很心动。"我说。

"我唱歌给你听,我知道自己唱得不怎么样,但你从来不嫌我烦。"

"是呀!我喜欢听你唱歌。"

"我还喜欢跟你讲悄悄话,把不能对别人说的话,偷偷地说给你听。"

"嗯,你放心,我嘴很紧的,绝不会跟别人说。"我笑眯眯地说。

小男孩儿笑了。

"我这样写,到底行不行?"

"当然行了!我相信,这次老师仍然会表扬你的!"

"在开头我准备这样说:你们的好伙伴是谁?一定是某某同学,对不对?但我的好伙伴不是某某同学。你想知道我的好伙伴是谁吗?那就请你们读读我的文章吧。然后,我叙述前面我们聊天的内容,最后,我再亮出我的底牌。"

"太棒了!设计这样的悬念,一定能让你独占鳌头!"

听到我对他如此高的评价,小男孩儿蹦蹦跳跳地回家去了。

作为一棵树,有这样一个好伙伴,我真开心!

我的好伙伴

你们的好伙伴是谁?你们一定会说是某某同学,对不对?但我的好伙伴不是某某同学。你们想知道我的好伙伴是谁吗?那就请你们阅读我的文章吧。

我经常到我的好伙伴身边玩,他总是默默地陪伴着我。我躺在他的身边,看天上云卷云舒,那时那刻,我的内心很平静。

我和我的好伙伴在一起的时候,是我最放松的时候。我可以摘下面具,展示真实的自我,但我的好伙伴绝不会嘲笑我。

很多同学都喜欢戴着耳机听音乐,而我认为,大自然才是最伟大的音乐家。我常常躺在我好伙伴的身边,听风摇动叶子的声音,听风抚弄河水的声音,那声音如乐曲一般,不时的有几只鸟儿突然鸣叫几声,如乐曲中的高音,美妙极了。

我知道,我没有音乐细胞,但这并不影响我对音乐的热爱。我在别的地方唱歌的时候,大家都会捂着耳朵,四处逃窜;唯独我的好伙伴,我唱歌给他听时,他从来不嫌我烦。

我还喜欢跟他讲悄悄话,把不能对别人说的话,偷偷地说给他听。我相信他是绝对不会对别人说的。

你们猜到我的好伙伴是谁了吗?没有猜中?哈哈,告诉你们吧!他是一棵大树,一棵神奇的大树!

有一棵树做我的好伙伴,这可是我人生中的一大幸事!

聊出好作文
Liaochu haozuowen
循序渐进篇

美丽的春天

小男孩儿又来到我的身边。他今天带来的作文题目是"美丽的春天"。

小男孩儿说:"'美丽的春天',这么大的题目,我该从哪儿写起呢?"

我说:"现在就是春天,你可以看看自己的周围有哪些美丽的景物呀!"

"我看你就美。"他对我说。

"你学会夸我啦!"我哈哈大笑,

"除我美之外,还有呢?"

"花美,草美,水美,山美,人美……"小男孩儿唱歌似地说出了很多。

"太棒了!这不就能写出作文了吗?"

"不成呀!就这几个字,老师不打我的屁股才怪呢!"

"哈哈!是吗?"

"你别笑我了!快帮帮我呀!"

"你还记得我那天跟你说的'米'字吗?你试试看!你把你刚才提到的每一个'美'都分成几个点,分别说一说。你拿根小木棒在地上画给我看看。"

小男孩儿开始在地上画了起来。他边画边说:"花美"包括花骨朵、花瓣、花蕊、花色、花香,花刚开时、盛开时、凋谢时。

看到他写的内容,我几乎要为他鼓掌了。

"你太棒了!"我说,"你闭上眼睛,回忆一下你看花时的场景,还有什么可以添加进去的。"

小男孩儿闭上了眼睛,过了一会儿他把眼睛睁开,不声不响地写下:蜜蜂、凋落的花瓣、照相的人群。

"看看,仅仅一个'花美',你就有了如此丰富的素材。每个方面,你只写一句话,就够了。"我说。

"别逗我。你再帮我想想,这花香该怎么写呢?"

"那香气让你想起了什么没有?"

"让我想起了我上幼儿园时那些漂亮的老师。"说着,他不好意思地笑了,"想起了妈妈身上的味道。"

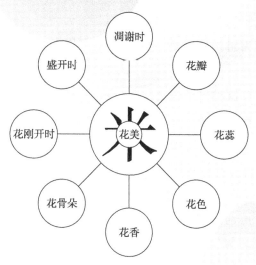

"好!你就这样写。"我说,"你在远处近处闻到的香气都一样吗?"

"怎么会一样呢?"小男孩儿说,"在远处,是一丝丝的;在近处,是一股股的;在远处,是飘进鼻子里的;在近处,直往鼻子里钻。"

"哎呀!了不得了!你的感觉太妙了!你这样写,会把老师迷倒的。"

小男孩儿似乎已经找到了一点感觉,微微一笑,说:"大树,我有一点儿明白你说的那个'米'字的意思了。"

"以后你会更深刻地理解它的价值的。"

"你别急嘛!让我慢慢来,好不好?"

"当然了。我一点儿都不急。"

"选了花,还可以选柳树,选春天的河水,选春日的阳光……"小男孩儿一口气说出了很多。

"非常棒!你的选择越来越丰富了。你这会儿不担心素材了吧?"

"是呀!可我不能把这些都写进去。老师说,可以运用由点到面的方法

来描写春天。她的意思是,选几个点联成一个有关春天的面,形成一片春天的景象,对吧?"

"你的理解非常到位。"

"选的景也不能都一样对待。其中的一两个可以详写,其他的则略写,要做到详略得当。你说是吧?"

"漂亮!你对作文的感觉非常好。"

"我还想在开头引用几句诗词呢!以此来增加我文章的魅力。你觉得怎么样?"

"那当然好了!这相当于给菜加些佐料,让菜的味道变得更鲜美。"

"如果我把文章的主要部分设计成有关春天的几幅照片,用介绍照片的方式来展现春天的美,行不行呢?"

"当然行了!而且还可以做到别具一格呢。"

"看来,文章可以有无数种设计方式。就像做衣服一样,同样的一块布料,可以设计出无数种样式,重要的是要做到与众不同,要能吸引顾客的眼球,让顾客眼前一亮。"

"哈哈!听了你的总结,我感觉你就是一名小老师呀!"我说,"你再总结一下你刚才观察花儿的方法吧。"

"我运用视觉、味觉、嗅觉、触觉,全方位地感受花儿的美;我还想到了花儿从花骨朵到盛开的全过程,想到了香味从远处到近处不一样的浓度。"

"非常棒!你看,你用了;然后,你总结了。这样,你再遇到同样的情况时就能够运用自如了。"

小男孩儿看了看我,说"好了,不跟你聊了。我要回家奋笔疾书写文章去了。"

给春天拍个写真集

"云淡风轻近午天,傍花随柳过前川……"吟着这样的诗句,看着外面美丽的春光,我想,今天我一定要抽时间去给春天拍个写真集,让她的倩影永远留在我的相册里。

第一张

眼前,桃花一大片一大片的,像粉红色的朝霞;桃花的花瓣一颤一颤的,像柔弱的小姑娘;花蕊是黄色的,那么小,那么轻,似乎风一吹就能把它吹跑。而那迎春花,有的露出了黄色的笑脸,有的则因害羞而不肯绽放。还有梨花、油菜花……每一种花都在竞相展示着自己的美丽。我忍不住拍下了春天的第一张写真。

第二张

草儿经历了寒冷冬季的磨炼,破土而出,迎接着灿烂的春光。有的草儿刚刚发芽就已显现出绿意,它们虽然不起眼,却用自己的嫩绿无私地点缀着大地。即使风吹雨打,它们仍然为春姑娘送上了自己最美好的祝福;它们不图回报,只要一捧土,就能顽强生长。满眼的绿色,逼得我睁不开眼,我轻轻拍下了春天的第二张写真。

第三张

草地旁是清澈的池塘。小鱼儿在池塘里游来游去,和蜻蜓愉快地捉着迷藏;池塘中的浮萍,轻悠悠地漂在水面上,这迷人的景色让人心旷神怡。池塘边还长着几棵柳树,叶子绿油油的,像美丽的天使;它们低着头,梳理着自己绿色的头发。我被这美景陶醉了,不知不觉中按下了快门。

不知不觉中已拍了很多张照片,但我还是意犹未尽。渐渐的,我明白了,美景无处不在,我是没有办法拍完的。

……的旅行

"老师今天出了一个非常奇怪的题目。她让我们选择一种物品,并想象这种物品要去旅行,然后写出它在旅行中所看到的各种景物。"小男孩儿说,"你说这个题目怎么写,我想得头都快炸了。"

听他这么一说,我指了指自己身上的叶子,"你为何不写一片落叶呢?让它们飞起来,在你作文写完之前,不要让它落下来就行了。"

"这样行吗?"小男孩儿疑惑地说。

"当然行了。我们可以一起来试试。我们可以让它飞过花园,飞过河流,飞进城市。"

"对呀!我还可以让它飞到我玩耍过的地方,飞过山林,飞到一个无人去过的地方。那样,我就可以连续不断地写下去了。"

"看!你多聪明,我一提醒,你马上就明白了。"我笑着说。

小男孩儿的脸上露出了如释重负的笑容。

"不过我不能写那么多。我要选择几个我熟悉的地方写。如果写太多,就没有意思了。就像树的枝条,如果多了,营养就会分散,树也就无法长高大了。"小男孩儿似乎是在自言自语,"可是一个地方,怎样才能写得丰富呢?"

"你还记得我跟你讲过的'米'字吗?"

"当然记得了。"小男孩儿说,"你是说,我可以从不同的角度写同一个事物,对吧?"

"你真棒!就是这样。"

"那你说,如果让叶子飞过一个花园,我可以选择哪些角度来写呢?"

"你先说说看。"

"我可以写花的各种颜色,可以写各种花的香味,可以……"小男孩儿似乎有了些思维定势了。

"有红花,就有——"我故意停顿了一下。

"有红花,就有绿叶。"

"对呀,你可以写绿叶的——"

"可以写绿叶的形状。"

"还可以写——"

"让我想想——"

"这个花园中还会有什么?"我提醒道。

"有各种树,各种草,还会有假山……"

"再想想,还有什么?"

"哦,还有蝴蝶、蜜蜂。"

"还有呢?"

"还有风儿,还有阳光。"

"太好了。"

"行了,有这么多的内容,我一点儿也不怕了。"小男孩儿说。

"你还可以让落叶在旅行的过程中遇到另一片落叶。这样,他们就可以自然而然地进行对话了。那片落叶也可以引着它去看它所没有看到的景色,那就更自然了。"

"这样说来,除了落叶,我还可以选——"小男孩儿说着,停顿了一下,"我可以选任何可以飞起来的东西了?"

"应该是这样的,而且也可以看任何东西,包括你想象的东西。"

"那我要去看恐龙、看古城堡,我要去太空……"

小男孩儿拍起手来了。

"非常好,你打算怎么设计这篇文章呀?"

"嗯,让我想想——"小男孩儿说,"我想与众不同。我可以从看到的最吸引人的景象写起,让读者一开始就被我描写的一个个美景吸引,然后,我再点明这是'我'在飞行中见到的。"小男孩儿边说边微笑着,"让读者有一种

意料之外的感觉。"

"看看,你简直就是一个小作家了。真妙!在下佩服呀!"

"这都是你教给我的呀!"

听到小男孩儿表扬我,我微微地笑了笑。"我帮他了吗?"我自问。其实,我只是提醒了他一下,所有的东西都是他自己想出来的呀!

一片树叶的旅行

我睁大了眼睛,只见大楼小得如同一只小蚂蚁。我两手向上一伸,摸到了一种软绵绵的东西。啊!原来是一朵云!我扯一团尝了尝,嗯!酸酸甜甜的!

你知道我是谁吗?哈哈!告诉你吧,我是一片落叶。那天,当我满含热泪地告别家人时,我的小伙伴——风儿来了。他说:"别难过,我带你到外面的世界去看看。"我高兴极了!

突然,风儿似乎不高兴了——它懒洋洋的。我急速地向地面坠落,心想:完了,这样掉下去,一定会被摔得粉身碎骨。不料,在我快接近地面时,风儿骤然发力,"天啊,一定要这么刺激吗?"我问。"哈哈,逗你玩呢!走,我带你换一个地方。"

我闭上眼睛,随着风儿飞翔。等我睁开眼睛环顾四周时,发现了一幅似曾相识的画。我瞬间怔住了:"这——是《蒙娜丽莎》吗?"

"是啊!"

"那么这儿就是法国巴黎的卢浮宫!哇!太壮观了!灯光洒满大厅,金碧辉煌,灯光照亮了名画,分外耀眼。"

"我再带你去一个地方,请你闭上眼睛。"我还没来得及看完,就不得不又一次闭上眼睛。等我再睁开眼睛时,我竟然在一个类似摩天轮的轿厢里,四周全是玻璃,我被吓得两腿发软,像面条一样瘫在了椅子上。

"这是哪儿?"我操着发颤的音调问。

"伦敦啊!"听了这话,我赶紧四处看看。呵!太阳映得玻璃像水晶,真有一种天上人间的感觉。

有了这样一次神奇的旅行,即使化作了泥土,我也心安了。

悼念那曾经陪伴我们的乳牙

"哈哈！你说好玩不好玩？"小男孩儿一边拍着我一边笑着说。

"什么事？怎么好玩了？"

"今天老师让我们写作文，她说了好多题目，我们都起哄，说没有内容可写、写不出来。教室里可热闹了。"

"结果，老师没有办法，最后拿出了她的杀手锏，让我们写一写自己的乳牙。她说：'有没有哪位同学从来没有长过牙啊？有没有哪位同学从来没有掉过牙啊？请举手。'"

"哈哈！那教室里肯定再也没有举手的了。"

"对呀！老师说，如果你从来没有长过牙，或者从来没有掉过牙，这次作文就可以免写了。结果，大家面面相觑，都不再吭声了。"

"看看，你们老师布置的题目都这么有特色，真让人佩服呀！"

"有什么好佩服的呀！"小男孩儿说，"这是她战胜不了我们，不得不想出的绝招呢。"

"为什么有那么多同学都不愿意写作文呢？"

"你愿意写呀？你想想，为了一篇作文，我们要挖空心思地寻找素材，关键是我们找到的素材老师还不一定满意；然后，我们要考虑用什么样的思路来构思，还要考虑怎么开头，怎么结尾，段落怎么连接；我们还要搜肠刮肚地寻找词语，组成句子，组成段落……光想想都头皮发麻。"

"听你这么一说，我感觉写作文确实很麻烦。那干脆不写得了。"

"那怎么行呢？不仅老师饶不了我，爸妈也饶不了我。还有，我怎么进步呢？你可别害我呀！"

"哈哈！看来，你还是愿意写的呀！"

"我只是想,既然不管怎样都要写,那就愉快地写吧!何必痛苦地写呢!何必跟自己过不去呢!你说对不对?"

"有道理。你觉得关于乳牙的这个作文难在哪儿呢?这可跟你的亲身经历有关呀!"

"确实是亲身经历。只是我从哪儿写起呢?"

"你的牙齿是从什么时候开始换的?"

"7岁吧!"

"一夜之间突然掉完了?"

"开什么玩笑?当然是一个一个掉的了。"

"刚开始是什么感觉?后来呢?"

"我明白了。你是要我写掉牙的过程,对不对?"

"如果你有别的内容也可以。"

"我想想——你别说,只有这样写,作文的内容才会更丰富。"

"那你准备选择哪些材料呢?"

"这——"小男孩儿停顿了一下,"我可以写牙刚刚松动时、快要掉时、掉了过后。"

"有道理。还有吗?能不能让情节更曲折一些?"

"嗯——"小男孩儿沉吟了一会儿,"我想起来了。当时有一颗新牙在快要掉的牙下面长了出来,蠢蠢欲动,闹得我日夜不安。这个可以写进去。"

"漂亮!你看,这样一篇文章的结构就出来了。"

"我还想更漂亮些。"

"太好了!你真是个上进的好孩子。"

"帮我想想办法。"

"我想你是不是可以这样——"我说。

"哪样?"

"……"

"我知道你的意思是让我讲。我想我可以从牙掉以后写起,然后展开回忆。这样就避免了一般化,你看好不好?"

"很好！很好！当然，你也可以尝试着用其他的方式来组织这些内容。"

安息吧，我的小乳牙

我的第一颗小乳牙是在离我 7 岁生日还有 3 天时掉下来的。因为我小时候很喜欢吃糖果，所以我的这颗小乳牙在这个世界上存活的时间很短暂。

"我可爱的小乳牙，你是那么地可爱，那么地善解人意。在我的字典里，没有点与点的距离，只有心与心的缘分。愿你下辈子过得好，上帝会保佑你的。阿门！"

这是我为我的小乳牙做的最后祈祷。

太好了，我终于解放了！

你们是真不知道啊！在这颗小乳牙"与世长辞"之前，我的日子过得有多苦！

在它摇摇欲"掉"之时，每次碰到它，我都恨不得"咬牙切齿"（只是字面意思：咬着牙，用刀切！）。这害得我平时刷牙都不敢碰它，也不敢碰它旁边的几颗牙齿，我害怕一不小心就会殃及我的幸福生活。我只得整日忍受着臭气的煎熬。

还有，它还与它下面的小恒牙串通好了一起来对付我。小恒牙一"挺"，小乳牙也一"挺"，它们的配合还挺默契。不好！出血了！它们竟然置我的幸福于不顾，牺牲了我那宝贵的"生命之血"，枉我喝了那么多鱼汤、吃了那么多美食！

现在，这颗小乳牙终于掉了，而且小恒牙也长了出来。好可爱的小恒牙！美丽、洁白！

小乳牙，你一路走好！

技巧点睛(二)
我们来聊一聊那些神奇的句子吧

"老师说我有些句子写得过分概念化。我也没好意思问她的话到底是什么意思。你能给我解释一下吗?"小男孩儿对我说。

"嗯,我尽力吧。你把老师给你指出来的句子读给我听听。"

"我的爸爸非常帅气。"

"没有啦?"

"是的。怎么啦?"

"我明白了。老师的意思是,'我的爸爸非常帅气'就是一个概念化的句子。人们读了你的这个句子后,也不知道你爸爸长什么样,他们也不可能根据这句话从人群中认出你爸爸,明白吗?"

"那我要怎么写呢?"

"你要把爸爸的头发、脸型、眼睛、皮肤、身材、穿着、走路的样子等具体地描述出来,越有特点的地方,越要详写。要让人们读了你的文章后感慨地说'你爸爸真帅气',那才收到写作应有的效果。"

"你的意思是我写这样一句话,一点儿价值都没有。"

"对呀!比如,你要说冬天很冷,你可以这样写:风吹到我的脖子里,刀割一般,我不由地缩了缩脖子;站在外面很小一会儿,两只脚就僵硬了,冰一般的凉,我不得不蹦几下,暖和暖和……这样,即使你不说出'冷'字,读文章的人也能感觉到:这天真是太冷了。"

"我明白了。你的意思是说,我要特别注意描述具体的现象,而不是单纯地下结论。对不对?"

"嗯,是这个意思。"

"比如,在文章中尽量不要用'他非常生气'这样的句子。我们可以这样写:他两只眼瞪得像铜铃一样,脸涨得如同红辣椒,牙齿咯吱咯吱地磨着,两道眉毛倒竖着,离很远都能听到他那呼哧呼哧的喘气声,似乎擦一根火柴,他整个人就会爆炸。读者一读,马上明白:他非常生气。"小男孩儿边说边表演着。

"哈哈!果然是个聪明人,一点就通。当然,'他非常生气'这个句子也可以用,或放在前面,或放在后面。写记叙类的文章,重在叙述、描写,结论最好由读者去下;自己得出结论也行,不过要注意,一定要有描述。"我说道。停了一会儿,我接着说:"当然,你在写作的过程中,除了注意上面这些,还可以适当注意一下句子的外形美。"

"句子还有外形美?"

"什么都讲究外形美呀!你看连我们树都讲究。"

"这个我还真没注意呢。"

"你仔细看。我的每一片树叶都讲究对称,我的枝丫基本上是均匀地分布在树干周围的,我每年储存的能量也均匀地分布在枝干的周围。这些都是我讲究外形美的表现呀。"

"你这样讲让我想起我们过年时贴的对联了,还有我们学的唐诗,都讲究外形美。对吧?"

我点点头,说:"关于组织句子和段落,有一种方法简单易学。"

"快说!快说!"小男孩儿迫不及待地催促我。

"你可以在一段的开头(或者在结尾),用一句简洁的话点明这一段的主要内容,然后,围绕着这个核心句进行详细的描述。比如你学过的《散步》中的句子:'这南方的初春的田野!大块儿小块儿的新绿随意地铺着,有的浓,有的淡;树枝上的嫩芽儿也密了;田里的冬水也咕咕地起着水泡。'在这段话中,第一个句子是核心句,其核心词是'田野',后面的文字细腻地描写了初春田野上的景象。"

"你这样一讲,我真的明白了。简单的说,就是每一段都要围绕一个小中心来写,不能扯得太远;而每一段的小中心又要围绕着整篇文章的大中心。你说的是不是这个意思呢?"

"是的。"

"我写句子时还有什么其他要特别注意的地方吗?"

"句子是文章的基本单位,写句子时要注意的东西特别多,不可能一次完全了解清楚,以后遇到具体的问题我们再聊吧。"

茅塞顿开篇

重新认识零食

"老师让我们写一篇关于零食的作文。"小男孩儿对我说。

"这可是你的强项啊。"我笑着说。

"可别这么讲!我早已不吃零食了。"

"真的?"我问,"一点儿都不吃了?"

"只吃一些对身体有益的水果,那些可能让人长胖的零食,我一概不吃了。"

"哈哈!知道注意自己的身材了,是不是?"

"是呀!前段时间,很多人都叫我小胖子,我都快被气坏了。"

"你的身材还好呀!"我说。

"我正在锻炼身体呢!"小男孩儿说,"不然,我真的变成小胖子了。"

"是什么让你下决心戒掉零食的呢?"

"你是不知道。有一天晚上,我做梦梦到自己长到了150多斤,想迈开腿都很难,只能一点一点地往前移,我被吓出了一身冷汗。"小男孩儿说,"从那以后,我就下决心,一定不能让自己变成一个大胖子。"

"所以你就把零食给戒了?"

"对呀!"

"哈哈!这篇作文对你来说很容易写呀。"

"但我想将这篇作文写得更精彩、更完美一些。"小男孩儿说。

"很好。你能有这样的想法,非常难得。这说明你有很强的上进心,让人佩服。"我说,"你有什么新想法吗?"

"可不可以用夸张的手法来写这篇作文?"

"当然可以了。"

"那我就把以前自己对零食的喜爱程度夸大一些,将吃零食造成的后果夸大一些,从而为戒零食打下基础。这样可以形成鲜明的对比,你看好不好?"

"非常棒的构思!看来,你对写作越来越有感觉了,进步可真大呀!"

"还可以放一些什么进去从而让自己戒零食的决心更大呢?"

"你说这话,表明你已经有想法了,对不对?"

"我的心思都被你看透了!"

"哈哈……"

"我想我可以这样安排:走在路上,看到我的人都喊我大胖子,这极大地伤害了我的自尊心。"

"非常好!这样就可以让你下定决心戒零食了,对不对?"

"是呀!只有外界的压力足够大,才有可能促使自己去改变。"

"是这样的。考虑得这么周到,真不容易呀!"

"那我回去写了啊!"

零食啊,零食

零食啊零食,你是我的最爱!

每天不吃一点零食,我就像掉了魂儿一样,或者总感觉好像有一件事没有做一样,心里很不踏实。妈妈每次买回来的零食,很快就会被我一扫而光。

这不,今天坐在电视机前,我又吃了不少零食。边吃边看电视,不知不觉中我进入了梦乡。我梦见自己正在吃最爱的零食呢!突然,我被一阵剧烈的疼痛给惊醒了。原来,我把自己的手指当成零食咬了下去,看着被自己咬红的手指,我摇了摇头,叹了一口气:真是自作自受啊!

妈妈问我怎么回事,我只好如实交代。妈妈很认真地对我说:"孩子啊,你不能再这么吃下去了,看你都胖成什么样子了。""我哪里胖了?不才70多斤吗?而且你看我的身体多结实啊!在学校里,我体育项目样样优秀呢!"

"就会吹牛！你都这样了,还样样优秀？"

我满怀怒气地走出了家门,没想到一出门就碰到一群小朋友。那些小朋友一看到我就齐声喊："胖哥哥好！"

"这些小孩儿！真不会说话,你们见过有我这么瘦的胖子吗？"

"哈哈……"小朋友们发出一阵笑声。

我生气地说："闪开！闪开！"

小朋友们不理我,继续跟在我后面连声喊"胖哥哥——胖哥哥——"

这可把我给气坏了！我快步向前走,路过一家商店门口时,从商店的镜子里看到一个人。呀！那么胖！这是谁？胖得如此惊人！我禁不住笑了出来。真是胖中豪杰啊！我扭头往四下瞅瞅,没有人！那么,这镜子里的人只能是我了？

这是我？我吃了一惊。我怎么会胖成这个样子呢？想到这儿,我出了一身冷汗。站到体重秤上一称,我居然胖到了100斤！我伤心极了,随手拿出口袋里的薯片和巧克力(说明一下:我每次伤心或者兴奋的时候都要吃零食。虽然我也知道它们是我胖的罪魁祸首)。待我吃完,体重秤上的数字已变成155。我后悔,我生气,我拍打着自己的脑袋——我该怎么办呢？

"你在干什么？"妈妈的一声喊把我惊醒了！原来是一场梦啊！我立马站起来,仔细地打量着自己的身材。妈妈在一旁很奇怪："孩子,你怎么了？"

"我再也不吃零食了！"我说。

"真的？"

"男子汉大丈夫,一言既出,驷马难追！"

妈妈听我这么一说,笑着鼓起掌来,"孩子,你长大了！"

是的,我长大了！我该告别零食了！

聊出好作文
Liaochu haozuowen
茅塞顿开篇

一棵大树的忠告

夏天到了,我的周围又热闹了起来。特别是离我不远的小河边上,有很多来玩耍的孩子。有几个孩子偷偷地溜到水边,脱下衣服,跳进河里游泳。看到他们这样,我很担心,目不转睛地盯着他们,真害怕会有什么闪失。一旦发生不测,一个美满的家庭顷刻间就破碎了,他们的爸爸妈妈一定会哭得撕心裂肺,痛不欲生。

越是担心,越是容易出事。不一会儿,远处就传来了恐怖的叫喊声。我知道,真的出事了!可我仅仅是一棵树呀,我无法移动自己的脚去帮助他们。我的心颤抖着。只见一个孩子,他的头一会儿露出水面,一会儿又沉了下去,他的手向上挣扎着,他想喊,却喊不出来。真可怜!岸上的孩子们远远地看着他,没有一个人敢过去救他。溺水的孩子又将头伸出水面几次,露出水面的部分一次比一次少。我知道,他的生命完结了。

不久,我就看到有很多大人跑来了。他们纷纷跳入水中,呼喊着,摸索着,寻找着,可什么也没有找到。又过了很长时间,一支穿着特殊服装的队伍来了,他们驾着船,带着工具,在河里穿行着。天慢慢黑了下来,一个女人瘫在河边,用嘶哑的声音哭喊着。我的心似乎也被她绝望的哭喊声穿透了,非常地痛。此时,我体会到了作为一棵树的悲伤。

几天后,小男孩儿来了。我的心情还没有平复,我伤心地把那天的事讲给他听,小男孩儿静静地听着。听完后,他说:"老师让我们自由命题写一篇作文,我就把你说的这件事写出来,以告诫同学们,没有保护,千万不要下河游泳,一定要珍爱生命!"

我轻轻地点点头,说:"这个作文有点儿难写。"

"有什么难写的?"

"难在你怎么切入别人才能相信,你当时又不在现场。"

"我明白了,你说的是视角问题。用什么样的视角来叙述才能够让读者觉得这是一件非常真实的事。"

"是呀!"我没想到小男孩儿的悟性这么高。

"我就从你的视角切入。通过你的视角写你的所见所闻、所思所想。"

"嗯,很好!特别是要写出我看到这种情形时的痛苦,让读者能够感同身受。"

"其实我也可以从其他的视角切入。比如——"小男孩儿停顿了一下,"比如,从河水的视角,从天上的云的视角,从河里的鱼的视角……"小男孩儿越说越兴奋,"我还想到从传说中的'阎王'的视角切入,想象那个被淹死的小孩儿的魂魄到了阎王那儿,非常后悔,想要回去。阎王却坚决不同意,只让他看了一眼自己尸骨所在的地方。他看到田野的深处有一个小小的坟茔,上面是刚刚垒起的新土,而旁边则是他痛不欲生的母亲,泣不成声地烧着他的衣物。我要让同学们看了我的作文后有一种不寒而栗的感觉,从而在大脑里刻下深深的印象:远离危险水域,珍爱生命。"

"真是太棒了!你怎么会有这么奇妙的想法呢?"

"哈哈!我聪明吧?"

"那是肯定的!"我笑着说。我为小男孩儿不断增强的自信而高兴。同时,我也要谢谢小男孩儿,谢谢他用笔写出我心中的愿望!

一棵大树的忠告

我是一棵生长在河边的大树,每天都吸收着天地间的精华,因此,我的寿命超长,在这片树林里,我算是长辈了。我喜欢这儿优美的环境:太阳公公洒下一片片温暖的阳光,鸟儿们在我的身边唱歌跳舞;对了,还有一群小朋友每天高高兴兴地从我身边经过去上学。有这么多美好的事情,我怎么能不高兴呢?怎么能不喜欢这儿呢?

但是,这儿也会有让我不开心的事情发生。到这儿来玩耍的孩子们中,总有几个不听大人的劝告,下河去游泳。每当这时,我总会使劲地摇动自己

的身体,拼命地摇动树叶,发出"哗啦啦"的响声。我的目的很简单,就是想引起他们的注意,将他们从河中引开。可惜的是他们根本无法领会我的"树语"。悲剧就这样在我的眼皮底下一次次的发生了。

　　清楚地记得那一天,我正在闭目养神。一群孩子的追逐打闹声把我吵醒了。我看见几个孩子走到河边,我心急如焚,拼命摇动身体提醒他们,可他们根本没有注意到我,反而玩得更开心了。这时,其中的一个孩子慢慢向深水区走去,他想在小伙伴们面前露一手。可那儿全是光滑的石头,石头上还长满了青苔,多滑啊!我恨不得将自己拔起来,跑过去提醒他,但我无法做到!

　　当这个孩子还没有完全走入深水区时,他的脚下一滑,接着就是惨烈的尖叫声。其他的孩子看到自己的小伙伴掉入了水中,连忙手拉手去救。孩子们啊,那怎么能行呢?眼看着他们一个个滑了下去,顷刻间消失在水中!我痛苦地闭上了双眼,我恨自己!但我无能为力,只能深深地叹了一口气!

　　孩子们啊,请珍惜自己那宝贵而又脆弱的生命吧!千万不要再到危险水域玩耍了!

学会了爱

"学会了爱,学会了爱……"小男孩儿嘴里不停地嘟囔着,"学会了爱,学会了爱……"

"你在说什么呀?一刻也不停。"我问。

"哎呀,我们老师可烦人了!她让我们写'学会了爱'这么空洞的一个题目,我的头都大了。"

"哦,是这样一个题目呀!让我帮你想想。"

"你能想出什么呀?你是一棵树,又没有情感。"

"谁说我没有情感?我也在教我的孩子们学会去爱呀。"

"真的?"小男孩儿惊讶地看着我。

"什么叫'学会了爱'?'学会了爱'这几个字暗示了什么?"我停了一会儿,接着说,"它表明这是一个过程:就是他爱你,你从他的爱中感受到爱的价值和意义,然后回过头来慢慢地开始爱他。这不就是'学会'的过程吗?"

"有道理!大树,你可真了不起!"

"现在才觉得我了不起呀?"我笑着说。

"你是怎么教你的孩子们学会去爱的呢?"

"你看,每年春天,我都用自己储存的营养,滋润着每一片叶子。那时,它们还小、还嫩,没有能力养活自己,我就给它们输送营养;等到它们慢慢长大,身体慢慢壮起来后,它们懂事了,懂得了我为它们付出的爱,从我的爱中学会了爱,便把自己多余的营养输送给我,这不就是叶子学会爱的过程吗?"

"你真厉害!"小男孩儿说,"这个难题被你一分析,居然迎刃而解了。"

"还有呢!你看,爱到极致,叶子们在自己生命结束的时候,还会将它们的身体奉献出来,变成新的营养!所以,有诗云:'落叶不是无情物,化作

春泥更护花。'"

"错了,是'落红不是无情物,化作春泥更护花'。"

"哈哈,逗你玩呢!我改一个字,不更符合我的文章嘛!"

"你说的材料蛮好的,可是——"

"我明白你的意思。这涉及视角的问题,对不对?"我说,"你那么聪明,自然会有办法的。"

"我来想一想。任何一个角度都行,关键是哪个角度最佳。"想了一会儿,小男孩儿说,"我感觉还是从叶子的角度写最好,因为是'学会',不是'教会'。"

"很有道理。我赞成!"我笑着说。

"这样的话,我写自己也行。我是在爸爸妈妈、其他亲人、老师等人的言传身教下,学会了爱。"

"太棒了!"

"'学会了爱'强调的是过程。因此写作时,在内容上要考虑由原先的不会爱,觉得他们的付出是理所当然,到慢慢地感受到他们的爱后,自己尝试着用行动来表达自己对他们的爱,并从中感受到付出爱的快乐。你说是不是?"

"你的理解非常透彻。真不错!"

"那我回去写啦!再见!"

我学会了爱

什么是爱?爱是你在生病时收到的关心,是你在跌倒时扶起你的双手,是你在遇到困难时得到的一个温暖的拥抱。

上学时,妈妈每一次都会将我送至学校门口,风雨无阻,这让我懂得了爱;伤心时,爸爸一个鼓励的眼神,温暖了我的心,让我懂得了爱。畅游在爱的海洋中的我是如此的幸福。

于是,我学会了在妈妈下班到家时给她送上一杯热茶,妈妈的脸上洋溢着幸福的微笑,我知道这微笑里包含了爱;我学会了在爸爸归来时给他递上一块温热的毛巾,帮他擦去脸上的汗水,爸爸的脸上流露出欣慰的笑容,我知道这笑容里隐藏着爱;我学会了在盛饭时先将第一碗饭端给爷爷,将最好吃的菜放到奶奶的碗中,爷爷奶奶脸上的皱纹都乐开了花,我知道,这舒展开的皱纹里有深深的爱。

在爱的滋养下,我慢慢长大;在爱的滋养下,我渐渐学会了爱。在爱的氛围中,我自然要将爱传递给更多的人。

我在被爱中学会了爱。

技巧点睛(三)
段落顺序的安排对文章的影响可大了

很长一段时间后小男孩儿才来,他显得有些不太高兴。

"怎么啦,我的小帅哥?"我问。

"老师说我作文中用的素材很好,但段落顺序的安排不够好,段落之间的衔接不够自然,甚至有些脱节。我以前还真没注意过这个问题呢!"

"这是个小问题呀!你找我可算找对人啦!"我说。

"这,你也会?"

"那当然了!我可是这方面的专家。"我笑着说。

"可别吹牛啦!"小男孩儿说。

"你看看我的身体。"

"你的身体我很熟悉呀!没有什么特别的地方呀!"

"从表面上看似乎没有什么特点,但仔细看你会发现,我的各个部分安排得可是井井有条啊!"

"你说说看。我怎么没有看出来呢?"

"拿一片叶子来说,你看,叶子中间最明显的是主脉,主脉两边是侧脉,侧脉再分枝,是细脉,细脉互相连接呈网状。"我指着叶子说,"你看到了吗?就像动物体内有血管一样,植物的身体里也有许多很细的管子。从根部开始,经过茎,再到叶子。这些细小的管子深藏在茎的里面,我们是看不到的;它们到了叶子里面就变成了更细的管子。如果它们的顺序是混乱的,有些地方可能就无法获得营养了。"

"原来是这样啊!你的身上竟然有这么多秘密!"小男孩儿惊奇地说。

"还有很多呢!以后你会慢慢地知道的。"我说。

"你的意思是说,文章要先有一个'主脉',也就是贯穿全文的中心;然后再有几条'侧脉',这相当于每个段落的中心;每一句话都应该围绕段落的中心,进而围绕全文的中心。这样,所有的内容都围绕着'主脉'形成了一个网状结构,对吧?"

"果然聪明!你真了不起!"我由衷地赞叹道。

"还有其他的吗?"小男孩儿问。

"你看我的身体,所有的一切都围着树干转,为树干服务:根,从地下吸收营养;叶子,吸收空气中的二氧化碳,在阳光下进行光合作用,将营养输送给树干,各部分分工明确。这些都跟你文章的结构非常相似。"

"太好了!"小男孩儿高兴地跳了起来,"你这样一讲,我全明白了。以后写作文时,我会特别注意的。谢谢你!你好厉害!比我们老师讲得还明白。段落顺序的安排问题,我一看叶子就明白了,仔细想一下你的身体,我就更明白了。"

渐入
佳
境
篇

我的妈妈

"老师要我们写'我的妈妈',我最害怕这样的题目了。"小男孩儿说。

"你为什么会有这样的感觉呢?"

"我不知道该写什么呀?"

"你天天跟妈妈在一起,怎么会不知道写什么呢?"

"妈妈天天唠唠叨叨的,忙忙碌碌的,我真的不知道该写什么。"

"你想想,题目是"我的妈妈",自然是向别人介绍你的妈妈,让别人了解她,对不对?"

"你说这话什么意思呢?"

"别人了解些什么,才算真的了解了你妈妈呢?"

"写写她的外貌,通过外貌描写让别人认识她。"

"你确定,依据你描写的外貌别人能找到你妈妈?"

"嗯,恐怕有点儿难。"

"对呀!很多学生描写的人物外貌都是相似的。所以,你需要仔细地观察妈妈的外貌,对不对?"

"是的。你是见过我妈妈的。那次我们一家人在这儿放过风筝,你还记得吗?"

"记得。你描述一下你妈妈给我听听吧!"

"她的头发黑黑的;她的眼睛很大,水汪汪的;她高高的鼻梁美得很;她说话时声音细细柔柔的;她的耳朵小小的。虽然她的耳朵小,但是对于我来说,我妈妈什么地方都是美的。"

"不错!能写成这样,很不容易了。"

"要不要写写她的性格?"

"当然可以!"

"她性格多变,时而和风细雨,时而狂风大作。"

"每一种性格都应该在某一具体的情况中出现吧?"

"那是肯定的喽。"小男孩儿说,"你的意思是要写具体的事件?"

"你说呢?"

"嗯,应该写。否则的话,读者会感觉莫名其妙。"

"聪明!你对妈妈有什么感觉?"

"感觉她很烦人。"

"她为什么很烦人呢?是不是经常唠叨你?对别人她会这样吗?"

"哈哈!那倒不会。"

"对呀!这说明了什么?"

"这是妈妈爱我的一种表现。"

"真聪明!"

"作为妈妈,她还做了哪些其他任何人不可能为你做的事呢?"

"天天给我做饭、洗衣服,带我看病,晚上帮我盖被子……"

"还有没有其他有关妈妈的事情让你记忆深刻的?"

"爱干净,时常蹲着擦地板,将家里收拾得一尘不染;爱打扮,经常在镜子面前一打扮就是一个小时,要说到哪儿去,我们可能都到地方了,她还没有打扮好……"

"非常好。你把这些事情详尽地写下来,不就行了吗?"

"就这么简单?"

"就这么简单!"

"好的,那我来试试。"小男孩儿高高兴兴地走了。

我的超级妈妈

今天,我要给大家介绍一个人。你们猜猜看,会是谁呢?没错!正是本人的超级妈妈。我的妈妈可漂亮了。她的头发黑黑的;她的眼睛很大,水汪汪的;她高高的鼻梁美得很;她说话时声音细细柔柔的;她的耳朵小小的。

虽然她的耳朵小，但是对于我来说，我的妈妈什么地方都是美的。

我妈妈的脾气像黄山上的天气一样多变。有一次，她的一位同事打电话跟她说要来我家看看，她笑着说："好呀！好呀！你快来！"电话一打完，她的脸一下子就变了，用和张飞一样的语气对我说："我告诉你，马上有一个阿姨要来，你别'人来疯'，知不知道！"一会儿那个阿姨来了，我一直淘气，妈妈把我拉出去，笑着对那个阿姨说："没事，没事。"你说我老妈的脾气像不像黄山上的天气？

妈妈喜欢穿裙子，所以她有很多条裙子。长裙、短裙、连衣裙、套裙……春天，她喜欢的衣服是大衣搭配短裙；夏天，她喜欢穿长裙。她的裙子太多了。

妈妈打羽毛球也是超级厉害的，她一球打在我的肚子上，我疼得要命，都想吐。只有我爸爸有时能把她打败。她还喜欢打小孩，你可不要说是因为我犯错她才打我的。我犯错时当然该打，但我没有犯错时她还是打。你说这要不要命呀？我是不是很可怜呀？她无缘无故地打我时，我常常这么想。

不说我的可怜事了，再说说我妈妈的工作吧。在工作上，她可是很认真的。妈妈在乡政府工作。她一大早就跑到办公室，对着那些文件一看就是一天，有时还要加班。

我知道妈妈非常累，她既要上班，又要干家务。在家里，我的地位是最高的，其次是爸爸，妈妈排在最后。妈妈常说："我就是你的保姆呀！"我常常想：不能让妈妈这么累，不然她会生病的。我要帮帮她。

这就是我的超级妈妈，什么都会，什么问题都能解决。

可爱的小猫

"老师给我们布置了一篇作文,题目是'可爱的小猫'。这可让我有点为难了。"小男孩儿说。

"让你为难在什么地方呢?"

"我家倒是有一只小猫,我也蛮喜欢它的,但说到写它,我想了很长时间,总感觉没有什么好写的,无非是它的外貌、动作、叫声等,一点儿也不新颖。"

"可以写得很新颖的!你要相信你有这个能力。你回忆一下,当你放学回家时,小猫有什么反应?"

"它会从睡觉的地方一下子跳起来,扑到我怀里和我亲热。"

"怎么亲热的呢?"

"它一边'喵喵'地叫着,一边将头往我身上靠,还将它的脸往我的脸上蹭。你要抚摸它的身体、拍拍它的脑袋,它才会慢慢地平静下来,然后再接着去睡觉。"

"你看,你把这样的场景写下来,多亲切,多温馨呀!还有吗?比如你做作业的时候。"

"我做作业的时候,它会很乖地躺在我脚下,一点儿声音也没有。看到我站起来时,它会站起来,在我的脚下打转,蹭我的脚,很是有趣。"

"多漂亮的细节呀!这说明小猫是通人性的。你有没有逗它玩过?"

"这是我经常做的事。我有时会把它放到冰箱顶上,看它如何从上面下来,它一边恐惧地叫着,一边想办法往下爬;我还时常将毛线球扔在地上,它与那个毛线球玩过来玩过去,似乎那是一只小老鼠。"小男孩儿说,"对了,我有一次看到它捉了一只老鼠,但它似乎并没有想吃掉老鼠的意思,只是在那儿和老鼠玩,玩了好长时间呢!"

"它是怎么和老鼠玩的呢?说给我听听吧!"

"我跟你说呀,小猫将老鼠放在地上,自己躲到远处静静地看着老鼠。很长时间没有看到小猫,老鼠以为自己安全了,就压低身子,先慢慢地向后退,接着扭头飞快地逃跑。小猫见它跑得够远了,一个跃身,将老鼠扑在自己的身子下。哈哈!那动作,那姿势,可真麻利!"

"看看,你刚才还说没有什么可写呢!现在一说起来就没完没了了。"

"嗯嗯。"小男孩儿不好意思了,"看来,关于小猫的写作素材,真有点儿像小猫玩的那个毛线球。一开始,找不到线头,没有一个突破口,让人感觉乱七八糟的;一旦找到了线头在哪儿,只要轻轻一拉,那毛线球就被扯开来了。"说完,小男孩儿笑了起来。

"哈哈!你这个比喻可真贴切。很多时候,不是我们找不到素材,而是我们没有找到一个好的突破口。对吧?"

"太对了!还是你了解我呀!"

我家的小花猫

我家有一只小花猫,我叫它"花花"。一身黑白相间的毛,使它好像一杯可乐加牛奶。它那滴溜溜的眼睛,能看得老远老远;它那小小耳朵,尖得很,能听到老远老远处的声音;还有它那脚,灵活着呢,跑得老快老快了。

花花是个捉老鼠高手。一次,一只老鼠到厨房偷粮食。正在睡觉的花花听到厨房里有声音,急忙跑过去。看到老鼠正在偷吃东西,花花以迅雷不及掩耳之势猛冲过去。那只老鼠见势不妙,转身就逃。狡猾的老鼠逃进了洞中,花花耐心地等待着。过了老半天,老鼠还是不出来。花花便想了个办法,它把自己的尾巴卷在头上,假装睡觉。老鼠悄悄伸出头来,看见花花在睡觉,赶紧跑了出来。这时,花花纵身一跃,把老鼠捉住了。

花花还很会撒娇。每天我放学回到家,它总是跑到我跟前,用它那柔软的毛一个劲儿地蹭我。我会抱起它,望着它那无辜的小眼神,一个劲儿地笑。每天做完作业后,我总会和它玩一会儿,摸摸它的毛,拍拍它的脑袋,和

它赛跑……

　　花花很贪玩。有一次,奶奶准备给我织件毛衣,她把毛线球放在沙发上就出去买菜了。花花看见了,想去瞧瞧。它刚到毛线球旁,毛线球突然从沙发上滚了下来。花花吓得连忙退后几步,"喵喵"地叫着,好像在说:"这是什么怪物啊?我怎么从来没见过啊?"过了好久,它才慢慢地向前移动,然后用爪子碰碰毛线球;见没有什么危险,它就玩了起来。它抱着毛线球跑来跑去,当要离开时,它发现脚被缠住了,又"喵喵"叫了起来,好像在向我求救。我看了哭笑不得,连忙帮它解开。

　　看,这就是我家的小花猫——惹人爱的花花!

风　筝

春天到了,老师布置了一篇作文——"放风筝"。

"这是一个好题目呀。"

"好在哪里呢?"

"好在真实,好在你对此有真实的体验。"

"那我跟你说说我的构思,你帮我参考参考,看看行不行。"

"好呀,谢谢你的信任。"

"我写自己和爸爸妈妈一起放风筝,写放风筝时的天气,写风筝在天上飞翔的样子,写自己那时的特别感受。"

"很好。你还有没有其他东西可以很自然地融入进去的?"

"我也在想,如果就这些东西,那么这篇作文的内容一点儿也不丰富。还有什么东西可以写进作文中呢?"

"你闭上眼睛回忆一下你放风筝时的场景。"

"我想起来了。当时我们放了好几次都没有让风筝飞起来。后来爸爸调整了一下风筝的尾巴,让它变得更长了一些;而且,我们几次试飞以寻找风吹来的方向,逆着风才让风筝飞了起来。我拉线的时候,爸爸妈妈一起喊'快跑!快跑!'我跑得飞快,终于让风筝飞上了蓝天。"

"应该还有。你再细细地回想一下。"

小男孩儿低着头认真地回忆着。"我想起来了。那天有很多人在放风筝。天上的风筝可多了,各式各样。"

"哪式哪样?你能不能描述出来?"

"能呀!对呀!这也可以成为我写作的内容呀。"

"真聪明!还有没有了?"

"有的风筝放着放着,线断了,飞到了很远很远的地方,渐渐地远离了我们的视线,有的孩子站在原地叫,也有的孩子跟在后面跑……"

"现在你疏理一下你刚才陆陆续续说出来的内容,看看够不够写一篇作文了。"

"好的,我来疏理疏理。"小男孩儿闭上眼睛想了一会儿,说:"嗯,够了,而且好像多了呢。"

"可以适当地删去一些。现在,你看从什么地方开始写可以更吸引读者呢?"

"对,这一点老师也提醒过我们。"小男孩儿说,"我可以从风筝在蓝天上飞写起,可以从自己飞快地跑起来写起,可以从看着自己的风筝消失在远处写起。当然,我也可以按照时间顺序写。"

"你比较一下,哪个开头更精彩、更吸引人一些呢?"

"我觉得从风筝在蓝天上飞写起最吸引人。因为那时的景象非常美,而且我还可以描写天上飞着的各式各样的风筝,写它们是什么样子的,写它们五彩缤纷的色彩……"

"很好!看到了吧?你很轻松地就完成了一篇作文的构思。"

"可你帮了我很大的忙啊!"

"我帮忙了吗?我什么都没有做呀!"我说。

"真的是我自己的功劳吗?"小男孩儿说,"不对。你反复追问我'还有吗',实际上你是在不断地引导我去寻找、挖掘、思考可能有价值的素材。"

"是呀。"我笑着说,"这说明了什么?这说明你完全有能力自己构思一篇作文。只是你需要不断地被追问'还有吗?''还能不能更……?'这样,慢慢地就可以让你在写作前拥有更丰富的素材。"

"我明白了。谢谢你!"小男孩儿高兴地说。

空中舞者

"儿童散学归来早,忙趁东风放纸鸢。"古人都那么喜爱放风筝,今天的人们就更不用说了。来吧!让我们一起来欣赏那空中的舞蹈吧!

只见天空中布满了风筝,就像一张蓝色的纸上被点上了许多彩色的小点。它们错落有致地飞着,一会儿高,一会儿低,真是名副其实的空中舞者。

我来到小卖部,各式各样的风筝映入眼帘。有老鹰形状的,那雄心勃勃的老鹰正等着合适的主人带它去空中漫步、捕捉猎物呢!有公主形状的,那迪斯尼的六个公主,一个比一个美……我精挑细选,选中了老鹰形状的。我之所以喜欢它,是因为它很能代表我的性格。

爸爸托着风筝,我拉着风筝线,等爸爸向上抛起风筝时,我一个劲儿地跑,生怕风筝飞不起来。我绕着公园跑啊,跑啊,回头一看,我的老鹰已经飞上了天空。它舒展着有力的双翅,向白云问好,向小鸟致意。我心里别提多高兴了!

我正盯着天空发愣时,我的老鹰晃晃悠悠地飘了下来。我看着它,它也看着我,好像在用教训的口气对我说:"小主人,你怎么能心不在焉呢!"我又抓紧了风筝线,等爸爸把风筝使劲往上一扔,接着加速跑,我的心扑通扑通地跳着,生怕再出差错。我的风筝又飞上了蓝天,风筝越飞越高,一会儿工夫就不见了踪影。我嘴里哼着小调,高兴得手舞足蹈。

旁边的小朋友看我如此高兴,大声地问了我一个有趣的问题:"大哥哥,风筝是什么味道的?""快乐的味道!"我笑着说。

雨

"你说,以雨为素材写一篇作文,会不会很难?"

"为什么这样问呢?"

"你懂的。"

"呵呵,我真不懂。"

"你有点儿小坏。"

"没有呀!我真的不知道你的意思。"

"真坏。我怎么会突然问这个问题?那肯定是我们要写作文啦!"

"哈哈!这可难不倒你。"

"老师在黑板上写下这个题目的时候,我就想起了你讲过的'米'字。"

"很好。'米'字有这么多触角,你都想到了些什么呢?"

"雨前、雨中、雨后,小雨、中雨、大雨,雨打在瓦上,打在窗户上,打在树叶上,打在地上,雨中人的种种表现,等等。你觉得怎么样?"

"这些只是你看到的。你还可以写些什么呢?"

"多种感官体验,对吧?还可以写听到的、感受到的,甚至用味觉感受到的雨的味道。这样,文章的内容就更丰富了。"

"漂亮!你还可以将不同地方、不同时间段的雨进行比较,写不同的雨给人的不同感受。"

"对呀!台湾作家余光中先生的《听听那冷雨》,用的就是你讲的这种方法。"

"小帅哥,你读的东西可真多呢!我一讲,你马上就能联想到具体的文章,可真不简单呀!"

"那是!"小男孩儿自豪地说,"读书可是我的一大爱好呀!古人说'读万卷书,行万里路','读万卷书'可是排在前面的。如果没有'读万卷书'作为底子,'行万里路'无非是从一个地方到另一个地方;只是看看而已,很难有什么收获。"

"好深刻啊!"我笑着说,"回到刚才我们谈论的'雨',你首先要做的是寻找一条线索,然后用它将你的这些素材贯穿起来。"

"我可以以我上学的过程为线索。我还在家里时雨就已经开始下了,站在阳台上,看外面的雨打在玻璃上,落在阳台上;然后在上学路上看着雨打在叶子上后叶子的变化,回忆起夏天的雨与春天的雨的不同,感受雨点点滴滴的情思。这样,你看怎么样?"

"非常好!你也可以选择更有特色的线索,比如去旅游时在山上遇到了雨等。这样可以将雨中的景物描写得更加精彩。"

"太棒了!"小男孩儿说,"我还有一个妙招。"

"说说看,跟我分享一下。"

"我用我背诵的那些古诗词中写雨的句子将雨给串起来。"

"太妙了!这样可以让那些沉睡的古诗词发挥它们应有的价值。"

"我越来越厉害了吧?"小男孩儿骄傲地说。

"那还用说!"我说,"我越来越佩服你啦!"

舞动的雨精灵

窗外,雨仍在淅淅沥沥地下着。坐在窗前,闭上眼睛,我尝试着用耳朵去聆听,聆听那些玩蹦极的小雨滴们,在嬉戏时发出的那阵阵爽朗的笑声……那声音似近又远,似远又近,挠得我心里痒痒的。于是,我换上鞋子,拿把雨伞,奔向了雨中。

雨滴从空中落下来,像断了线的珍珠似的。我如痴如醉,漫步雨中,仍觉得不尽兴。我索性将雨伞扔在一边,任凭那些小雨滴在我身上玩耍。那些小雨滴顽皮又可爱。不信?你瞧!晶莹剔透的雨滴争先恐后,有的顺着我的脸颊滚落到脖子里,弄得我脖子里凉凉的;有的钻进我的眼睛里,让我有一会儿都看不清了;有的还在我的头发上打起了滚;有的悄悄溜进我的耳

朵里,闹得我耳朵里痒痒的……

迎风张开双臂,我享受着,尽情地享受着。我伸出手,接住正在落下的雨滴,让它们在我的手心里,在我一口口吹出的气中,玩着你追我赶的游戏……

回到房间,我站在窗前望着外面的雨,遐想着它那变化多端的色彩。春天里,它落下,隐藏于草地中,于是,草绿了;舞蹈在那含苞待放的桃花上,桃花羞成了粉色。夏日里,雨滴滚落在那水平如镜的湖面上,于是,湖水给染蓝了;秋日里,雨滴游戏在枫叶间,枫叶居然害羞了,红红的脸蛋,可爱极了;冬天里,雨滴变了个身,落在茫茫的大地上,顷刻之间洁白一片……

雨,真是大自然的精灵。春天是万物复苏的季节,雨精灵送给春天的是毛毛细雨,轻柔而不失大气,大气而又不失谦虚,让人有一种飘飘欲仙的感觉;夏天,烈日炎炎过后,总会有一场狂风暴雨来临,这雨来也急,去也快,雨后人觉得神清气爽、心旷神怡;秋天,雨精灵多了一丝清凉,多了一丝淡淡的少女情怀,让人回味无穷;冬天,雨精灵换了身份,那一片片让人看上去就想亲近的雪花,标志着来年的好收成。

雨,如精灵一般翩翩起舞,让大自然如诗如画!

技巧点睛(四)
如何设计精巧的首尾

一

"语文老师今天找我谈话了。"小男孩儿到我面前就说道。

"找你干什么?一定是表扬你的作文写得好,对不对?"

"是表扬了,但也批评了。"小男孩儿说。

"批评你什么了?"

"她说我作文的开头和结尾写得还不够精彩,要我在这两个方面多下些工夫。"

"开头?结尾?"

"是呀!你见多识广,有没有什么好办法?"

"让我想想。"我停了一会儿,说道,"'开头'要在'开''头'这两个字上下工夫。'开'是开篇,是开始,是开端,它决定作文中的后续内容,影响后面的发展;'头'是核心,是作文的关键所在,因此,它对整篇文章起决定性作用。我们以前一直只关注作文的内容,却忽略了作文该怎样开头,老师这一提醒,你要注意一下了。"

"我知道,可该怎样注意呢?"

"开头既然这么重要,那我们就不能随随便便地写,应该好好地设计一番。"

"老师也要求我好好设计开头!"小男孩儿说。

"要想让读者喜欢你的文章,文章的开头就不能那么平淡,要精致、精炼、精巧。"

"关键是我怎样才能做到呢?"

"假如你要去见一个你从未见过的人,你心里一定会想这个人长什么样,什么性格,好不好相处,等等。这意味着什么呢?"

"悬念。"

"写作文时可以在开头设置悬念。"

"用悬念吸引读者的眼球!"

"再比如,我们看到一个人,她非常漂亮,看第一眼她就吸引你了。这是什么吸引了你?"

"这是人物的外貌吸引了我。"

"对呀!我们可以在作文的开头就描写人物的外貌。"

"还没有见到人,我们就被她的声音吸引了,我们可以用声音开头,用对话开头。"

"我们去某一个地方,一下子被它的美景所吸引,感慨万千,因此,我们可以用感慨或者景物描写开头。"

"我明白了!开头要根据文章的需要,以吸引读者眼球为目标,同时也要注意将它的'头领'作用显示出来。对吧?"

"我说你是一个聪明人吧!看,一点就透。真了不起!"

"我可以用设问句引起读者的注意,可以用反问句引发读者的思考,可以用排比句增强文章的气势。"

"太棒了!你的认识比我还深刻呢。"

"哈哈……"

"下次我们再讨论文章的结尾吧!不早了,你该回家了。"

二

"今天我们来谈谈文章的结尾吧。"小男孩儿说。

"'结尾'重在一个'结'字。'结'有总结、归结、结论等意思。因此,文章的结尾处应该有一个结论性的内容出现。"

"是呀!但结尾也可以给人留下思考和想象的空间。"

"非常对!这样会使结尾更具有开放性。"

"也可以抒发情感、表明观点。"

"还可以意味深长,也可以戛然而止,都可以。"

"结尾和开头一样,重要的是要根据文章的需要、根据我们要给读者一种什么样的感觉来决定运用何种结尾,对不对?"

"非常正确!你的理解很透彻,有了这样的理解,作文首尾的设计对你来说就不再是问题了。"

"哈哈！我以为很难呢，没想到这么简单。打一个比方，一个女子，本身就很漂亮，这就像文章的素材；同时也要打扮得体，化化妆，穿上漂亮的衣服，让人看到后眼前一亮，这就是对素材进行适当的修剪；而结尾呢，就像这个女子从人们身旁走过，引得人们忍不住回头看两眼，即使走远了，人们仍然想着她，甚至很多天之后，还有人想着她。"说着，小男孩儿自己也笑了起来。

"你的这个比喻太形象啦！没想到你的脑子转得这么快，真佩服你呀！"我说。

"我是这样想的，怎么开头、怎么结尾，空洞的讲是没有什么意义的，这一定要结合具体的文章写。对吧？"小男孩儿说。

"那当然。"

"比如，写'我家的小花猫'，开头我可以这样设计：小东西，你跑呀，跑呀，我看你往哪儿跑。小花猫这样想着，猛地扑过去。读者只读第一句话，会有点儿摸不着头脑的感觉，这样就能引着他往下读。我还可以这样设计：刚一推开门，一个小东西迎面朝我扑来，我条件反射地往后退了两步，用手捂住了脸，从手指缝一看，原来是我家的小花猫呀。我也可以这样设计……"

"好家伙，你在批量生产开头结尾呀！"我笑着说。

"哈哈！我只是练练手，看看自己的潜力有多大。"

"你肯定潜力无限。小小年纪就如此上进，问题被老师一指出来，你立马想办法解决，简直就是天下无敌了。"

"你可别逗我了，我努力得还不够呢。"小男孩儿谦虚地说。

佳作
选
出篇

一张让人沉思的照片

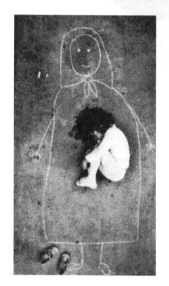

"你见过这张照片吗?"小男孩儿拿出手机,将里面的一张照片展示给我看。

"没有。"我说,"这是什么?"

"你猜猜看。"小男孩儿神秘地说。

"别急,请容我仔细地看一下。一个小女孩,安静地睡在用粉笔画的人形里;她睡得那么安然,那么甜美,却让人感到好心疼;她把鞋子放在人形的外面,似乎怕弄脏了这个粉笔画的人形。"我自言自语地说着,"这个用粉笔画的人形可能是谁呢?"

"哈哈!终于把你给难住啦!"小男孩儿笑着说,"我跟你说吧!这张照片拍摄于中东地区,具体哪个国家我不清楚。这个小女孩儿的母亲在战争中被炸死了。她特别想念母亲,想念到了极点,就在地上画了一个母亲的样子,然后,躺在母亲的怀里睡着了。"

"原来如此。小女孩儿真让人心疼。"我说,"孩子心中的母亲一定非常美丽、温柔。你看,小女孩儿在母亲的脖子下画了一个蝴蝶结,而且母亲的脸上似乎还有一些笑容呢。"

"你观察得可真仔细。"小男孩儿说,"除了你刚才所说的,你从照片上还能看出些什么?"

"看不出什么了。"我说,"你呢?"

"老师要我们依托这张照片写一篇作文,你刚才讲的那些,根本无法构成一篇作文。"

"哈哈！你想让我帮你，是不是？"

"不是。我就是想知道你还能看出什么。"

"你呢？你还能看出什么？"我反问道。

"自然是看不出来了，但——"

"但什么？"

"但——"小男孩儿又停顿了一会儿，"但我们可以想象呀，想象小女孩儿的梦境。她那么思念母亲，她的母亲一定会出现在她的梦里，对不对？"

"非常棒！你可以写她在梦中与母亲的交流。这样，你作文的内容就丰富了，就可以无限延伸了。"

"而且我还可以想象，小女孩在画自己的母亲时脑海中对母亲那自然而然的回忆。"小男孩儿说，"不过这还不够。我在想老师为什么要我们根据这张照片来写作文。"

"你太聪明了！"我说，"这是一个好的思考点。"

"老师要我们写这篇作文，实际上是通过暗示和对比，让我们感受到自己生活的幸福，有母亲关心的幸福，有安宁的生活环境的幸福，你想是不是？"

"真了不起！你一语中的，相信老师一定也是这么想的。"我由衷地赞叹道，"这样这篇作文就好写了，对不对？"

"是呀。有了这些，这篇作文就水到渠成了。"

守 梦

一块黑漆漆的、冰冷的水泥地面，是小女孩儿美梦成真的地方；一截短短的粉笔，是小女孩儿描绘梦想的画笔。它们承载着小女孩儿满满的爱——对妈妈的爱。

小女孩儿轻轻地拿起粉笔，边画边想：妈妈个子高高的，每次我都要仰视才能看清她的脸，每次都要跳老高才能爬上她的肩膀；妈妈喜欢穿美丽的长裙，喜欢典雅的装饰，她喜欢在衣领上装饰美丽的蝴蝶结……小女孩儿边画边自言自语地说："妈妈，你不要着急，我一会儿就来了。让我们快乐幸福地生活,像以前一样,开开心心的,我们永远在一起!"

这里是中东地区,这里随时随地都有战争发生。许多人的亲人都因战争离他们而去。

这个小女孩儿,就是战争的受害者之一。无尽的思念之情促使小女孩儿拿起粉笔,在地上描绘自己记忆中美丽的妈妈。当小女孩儿将"妈妈"画完时,她已在不知不觉中流下了眼泪,她脱下她那有些脏了的鞋子,轻轻地躺在"妈妈"的怀里,似乎怕打扰了已经睡熟的"妈妈"。此时,时间仿佛停止了。"妈妈"站了起来,对着她年幼的女儿温柔地说道:"宝贝儿,不要伤心,爸爸和妈妈过几天就会回来看你,你要等着我们,等着我们回来;如果你想妈妈了,就把妈妈画出来;只要你把妈妈画出来了,妈妈就随时在你身边,随时陪伴着你……"

母女俩还有许多许多的话没有说,许多许多的愿望没有实现。不过,只要她们的心在一起,她们就永远在一起。这时,小女孩儿一下子抱住妈妈的头,默默地流下了泪水。她不想离开,她想一直抱着妈妈的头,永远跟妈妈在一起。她懂事地将身子蜷缩着,将头抵在"妈妈"胸前,很长时间没有洗过的头发散乱地遮在了"妈妈"的胸口上。

不过那毕竟是冰冷的地面。这个梦只能一直藏在她的心里!

看到这张照片,我的心不禁猛地颤了一下。我的妈妈天天陪着我,我有时却有些烦她,嫌她啰嗦,甚至想离开她。然而,我不知道一旦离开了妈妈,我将会有多么地想念她。从小女孩儿的睡姿中,我体会到了妈妈对于孩子的价值。

我与蚊子的战争

夏天到了,老师布置了一个很好玩儿的作文题目——《我与蚊子的战争》。这可难坏了小男孩儿。他来到我身边,很为难地对我说:"我只在乡下外婆家遇到过蚊子,在城市里很少遇到蚊子。这可怎么办啊?"

"只要你遇到过蚊子,这作文就好写。"

"可那时是外婆帮我打的蚊子呀!"

"你当时看见蚊子没有呀?"

"看见了。外婆用电蚊拍几下就把蚊子给打死了。"

"外婆怎样打的?"

"蚊子在蚊帐里。外婆用电蚊拍到处打,只听'啪嗒'一声,蚊子就被打死了。"

"你在外婆家的其他地方遇到过蚊子吗?"

"也遇到过好几次。"

"外婆还有没有其他对付蚊子的方法?"

"傍晚的时候,外婆还用艾叶熏蚊子呢。"

"这不就行了,一篇作文不就出来了嘛!"

"可这太少了,不足以写一篇作文呀!"

"哈哈!没关系,我们一起想办法,让它变成一篇精彩的作文。你还记不记得你哼唱过的《拔萝卜》?"

"记得呀!'拔萝卜,拔萝卜,嗨哟嗨哟,拔萝卜,嗨哟嗨哟,拔不动,老太婆,快快来,快来帮我们拔萝卜;拔萝卜,拔萝卜,嗨哟嗨哟,拔萝卜,嗨哟嗨哟,拔不动,小姑娘,快快来,快来帮我们拔萝卜;拔萝卜,拔萝卜,嗨哟嗨哟,拔不动,小黄狗,快快来,快来帮我们拔萝卜;拔萝卜,

拔萝卜,嗨哟嗨哟,拔萝卜,嗨哟嗨哟,拔不动,小花猫,快快来,快来帮我们拔萝卜……'"

小男孩儿高兴地唱着,还扭动着身子,他暂时忘却了写作文的烦恼。看到小男孩儿满脸的兴奋劲儿,我也非常高兴。

"你看到了吧!拔个萝卜,本来是随手就可以解决的问题,但歌里是怎么唱的?拔不动。拔不动,怎么办?就请老太婆、小姑娘、小花狗、小花猫一起来帮着拔萝卜。故意制造很多的麻烦,让不同的角色来帮忙拔萝卜,对不对?"

"哈哈,我想起来了!'引'字,对不对?你的意思是说,我在写与蚊子的大战的时候,也要制造一系列麻烦,像"引"旁边的"弓"一样,让整个故事情节更加曲折,是不是?"

"看!多么聪明的孩子,一点就透。真棒!这中间可能有哪些麻烦呢?"

"我先是听到了蚊子的叫声,然后到处找蚊子,却找不到。"

"很好,现实生活中确实是这样的。"

"后来我发现了蚊子在哪儿,赶紧去找东西来打蚊子。等东西找到了,蚊子却不见了。"

"非常棒!"

"我刚躺到床上,又听到了蚊子的'嗡嗡'声。我又将大灯打开,到处寻找蚊子,用各种"武器"打蚊子,费了九牛二虎之力,最终把蚊子给消灭了。"

"非常好!这里可以……"

"可以让外公也参与进来。"

"漂亮!还可以……"

"我想想,还可以添加人物对话。"

"很好!还可以……"

"还可以描写我的心理活动。"

"太好了!现在你再试着构思一下这篇文章,有什么感觉?"

"我觉得写个几百字,根本就不是问题了。"

"好!那就让我看看你的本事。相信你是非常棒的。"

"谢谢你!你让我明白了,写某件事情的时候不能平铺直叙,要尽量设计一系列曲折的故事情节;还要适当地加入人物对话或人物的心理描写,从而使文章的内容更加精彩。"

"你的总结真精彩!这些可以成为你写作的秘密武器哦。"

我与蚊子的战争

"嗡——嗡——""哎呀,死蚊子!"我生气地喊道。它们唱着凯歌,攻击正在写作业的我。"这可是你自找的!"我心里暗暗地想。于是,我的目光从作业本上转移到了一只蚊子身上。我目不转睛地盯着它,手悄悄地做好了准备。

那只蚊子好像视我不存在。我瞅准时机,手猛地向它打去,可它竟然灵活得像只猴子,在我手心将要触碰到它的那一瞬间,悄无声息地飞走了。第二天早上起来照镜子一看,三个又大又红的包深深地印在了我的身上。真是惨不忍睹啊!

到了晚上,我吸取前一天的教训,从小卖部买来了电蚊拍和蚊香。我要好好教训一下这群可恶的蚊子,让它们血债血还。我准备完毕,就等"敌人"出洞。

"敌人"出洞了,"嗡嗡"叫个不停。武器闪亮登场——我拿着电蚊拍左拍右挡,随着一阵"啪嗒"声,蚊子死了好几只。我兴奋了好一阵子,心想这下可以安心写作业了。

可几分钟后,蚊子又现身了,扰得我心神不宁。我不得不使出我的秘密武器——蚊香。不久,刺鼻的味道在空气中飘散开来。"敌人"闻到了这股呛鼻子的味道,便想冲出包围圈,可是唯一的出口已经被我堵住了,"敌人"像热锅上的蚂蚁——急得团团转,又像没头苍蝇似的到处乱撞。不一会,有的"敌人"被蚊香熏死了,还有的被我当场消灭了。

我与蚊子的战争结束了!哈哈!这场战争,我取得了最后的胜利!

轻松搞定读后感

"老师要我们写篇读后感,这种作文形式我还没有接触过呢!你能给我指点一二吗?"

"嗯,我可以试试。你先说说你都读过什么书。"

"我经常到你这儿来读书。我读过什么书你应该清楚的呀!"

"哈哈,我想起来了。前段时间你在我这儿读过《老人与海》,对吧?"

"是呀。"

"小说的主要内容你能不能说给我听听?"

"古巴有一个名叫圣地亚哥的老渔夫。他独自一人出海打鱼,一连84天都一无所获。后来,他钓到了一条巨大无比的马林鱼。鱼大,它的劲也大,它拖着小船漂流了整整两天两夜。在这两天两夜中,老人经历了从未经受过的艰难考验。最终,他把大鱼刺死,拴在船头上。后来,老人遇上了鲨鱼,他与鲨鱼进行了殊死搏斗。结果大马林鱼被鲨鱼吃光了,老人最后拖回家一副光秃秃的鱼骨架。"

"非常好!看来你的记忆力也非常棒!在这部小说中,你印象最深的地方在哪里?"

"我印象最深的地方是圣地亚哥与鲨鱼搏斗的过程。他说的那些话都被我抄在笔记本上了。'每一天都是一个新的日子。走运当然是好。不过我情愿做到分毫不差。这样,运气来的时候,你就有所准备了。''不过话得说回来,没有一桩事是容易的。''一个人可以被毁灭,但不能被打败。''现在不是去想缺少什么的时候,该想一想凭现有的东西你能做什么。''人不抱希望是很傻的。'"

"你为什么会对这些话印象深刻呢?"

"我认为,虽然圣地亚哥失败了,但他作为一个男人的精神气概仍然是值得我们学习的。一个人一旦有了这种精神,干任何事都会全力以赴、坚持到底。而我呢,我在生活中往往一遇到困难就退缩了,当然结果也常令人失望。有时,我都看不起我自己。因此,我要以圣地亚哥为榜样,以后遇到困难时,我要坚持坚持再坚持。"

"哈哈,太棒了!你小小年纪,就能对自己有如此深刻的认识,真是了不起呀!"

小男孩儿笑了,说:"别夸了,我的读后感还没有完成呢!"

"没有完成吗?已经完成了呀!"我说。

"你又逗我了。"小男孩儿说。

"没有逗你,真的完成了。"我说,"你想想,'读后感'三个字是什么意思?"

"也就是说,先读,读后有了感想,然后把这些感想写出来,对不对?"

"可是有时候感想会有很多很多,怎么办呢?"

"我想起来了。老师说过,'伤其十指,不如断其一指'。对于读后感而言,要选择最有价值的那个感想来写,对不对?"

"非常好!你想想,为什么我们在读作品时会产生一些感想呢?"

"因为我们在读的过程中,可能会将作品中发生的事情与自己生活中遇到的类似或完全相反的事情联系到一起。对不对?"

"非常正确!因此,'读'和'感'实际上都暗含了两个方面的内容——'书中的最有价值的或让人印象最深的内容'和'自己与之相似或者相反的经历'。对吧?"

"让我想想。书上说,读后感包括'引—议—联—结'四个部分。你别说,你分析得还颇有道理呢!"

"哈哈!那是自然。"

"你是怎么知道的呢?"

"我是根据'读后感'这三个字自然而然地推导出来的呀!"

"你太厉害了!我真佩服你。有你这样的好朋友,我的运气太好了!"说着,小男孩儿竖起了大拇指。

《老人与海》读后感

　　《老人与海》是美国作家海明威的著作。书中的主人公是圣地亚哥老人,他84天都没有捕到一条鱼。虽然别人嘲笑他,但他依然坚信自己能捕到大鱼。

　　老人爱大海,把大海看作一位仁慈、美丽的女性。他把鸟、鱼和海风看作他的朋友。老人有时会和他的朋友们聊天,有时也会喃喃自语。在书中,对于大马林鱼,老人的情感在不停地变化。刚开始,老人是兴奋的,因为他终于可以结束噩运了,而且这样一条大鱼可以给他带来很大一笔财富;但渐渐地,老人开始欣赏大马林鱼的智慧和毅力,把大马林鱼当成一个伟大的敌人;最后,老人被大马林鱼感动了,他为大马林鱼的死而感到难过。

　　文中有一个经典的句子:"一个人并不是天生就要被打败的,你尽可以消灭他,却打不败他。"这句话说明,失败并不可怕,可怕的是你对失败屈服;一旦屈服于失败,那么,你所有梦想都不会实现。这在现实生活中有着很重要的意义。我觉得人生就像老人出海捕鱼一样,遇到困难我们要勇敢地去面对,即使没有成功,也不会因为没有付出努力而留下遗憾,人生会因我们的努力付出而变得精彩。

　　读了《老人与海》这本书后,我增强了战胜困难的勇气和力量。无论今后的人生道路上有多少挫折,我相信只要有老人那般不服输的品质,我一定会成为生活的强者。

　　《老人与海》是一本值得去仔细品味的好书。它告诉我们,不管遇到什么困难,都要信心十足地去面对,坚持到底,决不退缩,向全世界大喊:我就是英雄!

那看不见、摸不着的风

"你知道吗?"小男孩儿一来到我跟前就迫不及待地说,"我们老师居然让我们写风。风,看不见,摸不着,这可怎么写?"

"哈哈,别担心。我们不是天天都能感觉到风的存在吗?"

"是呀!看到你头上的叶子不断地在动,我知道有风了。"

"很好。看到我头上的叶子不断地动起来,就知道风蛮大的了。"我说,"你还可以根据什么来判断有风来了呢?"

"几乎所有的东西都可以用来判断有风来。阳台上的衣服,自然界中的小草、花儿,还有水,等等。"

"非常好。那要是连我的身子都在动,则说明风已经非常大了。"

"风非常大的时候,被刮下的树叶到处飞扬,灰尘漫天都是,我们会睁不开眼睛。"小男孩儿说,"还有,窗子被刮得哗哗作响;河中的浪非常高,拍到岸边,声音非常大。风有时似乎还带着哨子,声音悠长而凄惨。很是吓人。"

"你再回忆一下,看看还有没有其他发现。"

"我想起来了!人们迎着风走路的时候,必须弓着身子走;顺着风走路的时候,似乎被什么东西推着往前走。"

"好厉害啊!你再想想。"

"风大的时候,男孩子们的头发被吹得乱糟糟的,一点造型都没有了;女孩子们的头发被吹得满脸都是。"

"有没有关于风的更精彩的记忆?"

"我想想——"小男孩儿停顿了一会儿,"嗯,我想起来了。一天我放学时,正刮着大风,一个中年男子从我旁边经过。我看到他头顶上的头发全掉光了,只剩下两边和后面零星的一些头发。理发的时候理发师肯定替他做了精心的设计,故意将他左侧的头发留得很长,并让这些头发围着头顶转了一个圈,这样就把没有头发的地方全包裹了起来。可是大风一吹,那造型就全变了:那一缕长发在风中肆意地飘着,没头发的地方则全部暴露了出来。中年男子不甘心,就用手去捋那缕头发,可是风似乎故意跟他作对,他怎么捋也捋不好,只好将五指揸开,按在自己的头顶上。他走路的时候,一只手在上面按着头,一只手在下面摆着,看起来很滑稽。"

"哈哈!这个细节妙,放到作文中会让作文非常精彩的。这些够不够写一篇作文了呢?"

"好像还不够。我想起来了,古诗词中有很多写风的。像杜甫的《茅屋为秋风所破歌》:'八月秋高风怒号,卷我屋上三重茅。茅飞渡江洒江郊,高者挂罥长林梢,下者飘转沉塘坳……'"

"好啊!都知道将古诗词引用到文章中来了,你的进步真大呀!"

"我还可以将与风有关的成语融入到文章中来。"

"这篇作文,怎样构思才能吸引人呢?"小男孩儿问。

"可以——"我故意不说。

"我知道你的目的,你是想让我说。我想,这篇作文可以用声音开头,从'呼呼'直响的风声开始写;也可以从人们走得非常慢开始写——风太大,人们没有办法迈大自己的脚步;也可以从人们在风中闭着眼开始写。总之,这篇作文不能缓慢地进入主题,否则就难写了。"

"那中间部分呢?"

"既然是写风,就应该写写没有风的时候,这样可以形成对比。"

"高明!能够想到这个招数,很厉害!"

"谢谢夸奖。我可以设计'有风—风大—风慢慢地停息了—更大的风袭来—昏天暗地,这样的思路来写。"

"你果然厉害。我相信,你们老师可能都想不到这么精妙的构思。"

小男孩儿被我夸奖得有些不好意思了,"我回去写作文了。再见!"

风

风来了。它将路上的灰尘、纸屑一把抓起,毫不犹豫地抛向半空中。只

听见一些人家的窗户被吹得噼里啪啦地乱响。大风随意地玩耍着,把电线当作琴弦,起劲地弹起自己喜欢的曲子,发出让人感到恐怖的尖叫声,向人们展示着它的威力。

那些小树被风吹得腿脚打颤,一个劲儿地向路人们点头哈腰。只有高大的松树依旧挺拔,在勇敢地和风搏斗着。傲慢的风凶神恶煞般咆哮着,一阵比一阵猛烈地撞击着松树,松树却稳如泰山般站在那里,丝毫不示弱。

人们在风中艰难地行走着。有的弓着腰,有的缩着头,有的用围巾包着头……一个中年男子在风中的行为,给我留下的印象最深。他头顶上的头发全都"英年早逝"了,只剩下两边和后面零星的一些头发。他在理发的时候,理发师肯定替他做了精心的设计,故意将他左侧的头发留成如女生的长发一般。这些长发的责任是围着头顶转一圈,这样就把没有头发的地方全包裹了起来。这个中年男子就这样将自己的隐私藏了起来。可是风一点儿都不给他面子。那一缕长发在风中肆意地飘着,像被远方的美景吸引了似的,想急着挣脱脑袋的束缚;头顶在风中全部暴露了出来。他不甘心,就用手去捋那缕头发,可是风似乎故意跟他作对,任他怎么捋也捋不好;他只好将五指撑开,按在自己的头顶上。走路的时候,他一只手在上面按着头,一只手在下面摆着,看起来非常滑稽。

休息了一会儿后,风的能量似乎又一次聚集起来。太阳躲进了厚厚的云层里,失去了往日的光彩。灰尘四处游荡,一会儿聚拢,一会儿散开,呛了行人的鼻子,迷了行人的眼睛!树叶被风从树上撕扯下来,它们有的为离开大树妈妈而伤心,久久地徘徊在大树身边不愿离去;有的则被大风吹晕了头,不知东西南北了!

鸟儿们扑腾着翅膀,拼命地飞着;平静的湖面上卷起了大浪,鱼儿们惊恐地向水下游去;花儿低着头,它们那漂亮的花瓣早已被大风吹得无影无踪;弱小的草儿赶紧趴在地上,生怕被风连根拔起。

技巧点睛(五)
怎样使文章的内在联系更加紧密

"老师今天找我了。"

"有好事?"

"不是。她说我作文段落之间的内在联系不够紧密。"

"那就想办法解决呀。"

"问题是我根本不知道什么叫'内在联系不够紧密'!"

"她的意思应该是,你写作文时没有做到前后内容相照应吧。"

"应该是这样。可怎么解决这个问题呢?"

"要解决这个问题呀,你想想我、想想你自己就行了。"

"什么意思?"

"你先想想我。我是一棵树,从根部到每一个枝杈、每一片叶子,都是紧密联系、相互贯通的;根部吸收的营养能毫无障碍地输送到每一片叶子,而叶子吸收的营养也能自如地输送到根部;一个地方有变化,其他地方都会有感觉,形成了牵一发而动全身的格局。每一个部分都各司其职,以保证营养输送通畅无阻。"

"你这样一说我明白了。我们人类也是这样:血管、肌肉、骨骼、神经等是自然地结合在一起的,它们之间的内在联系非常紧密,即使是一根脚趾出现了一点小小的问题,大脑都能明确地感知到。"

"正是这个意思。所以你写作文的时候——"

"所以我写作文的时候不仅仅是要写出来,在没有下笔之前就要想好其内在的联系;写第一句话的时候就要考虑到它与后面的话会有怎样的联系;同样也要考虑到段与段之间应该有怎样的联系。这样才能使文章成为一个密不可分的整体。"

"太棒了!就是这样。你的理解真透彻,有了这样的认识,加之在写作过程中不断地练习和尝试,你一定能弥补这个不足。"

"这让我想起了叶圣陶先生的《苏州园林》。每一段的开头几乎都有'苏州园林'这四个字,特别是中间几段:'苏州园林里都有假山和池沼''苏州园林栽种和修剪树木也着眼在画意''游览苏州园林必然会注意到花墙和廊子''苏州园林在每一个角落都注意图画美''苏州园林里的门和窗,图案设计和雕镂琢磨功夫都是工艺美术的上品''苏州园林与北京的园林不同,极少使用彩绘'。一段介绍苏州园林一个方面的特点,段与段之间紧密联系,所有段都围绕着苏州园林的美进行阐释。"

"你举的这个例子非常好。这个例子充分体现了段与段之间紧密联系的价值。"

"那我是不是可以这样:我作文中的第一段与最后一段要相互照应;每一段中的首、尾句也要相互联系;至于段与段之间的联系呢,我可以让每一段开头的句子之间相关联,让段落间形成或并列或顺承或递进或对比等关系。"

"这方法很好,但重要的是你在写作过程中要有这个意识,大脑里要有这根弦。"

"我明白了!谢谢你呀!"

"我有什么好谢的呢?其实重要的东西都是你自己悟出来的。"

"你的意思是我很厉害喽!"

"那当然,你本来就很厉害嘛!"

触类旁通篇

一张照片就是一篇文章

小男孩儿来到我跟前,拿出一张照片给我看,"老师把这张照片发给我们,让我们根据它写一篇文章。"

"你们老师可真厉害!"

"厉害?厉害在哪里?"

"厉害在她善于发掘你们的创造力呀。"

"这篇作文很难写啊。"

"哈哈,这要看对谁,对你,一点都不难。"

"你这么相信我?"

"那是当然!我非常了解你,你的水平没问题的!"

"哈哈!那我跟你说说我的设想。"

"好呀!我洗耳恭听。"

"我要详细描写这个战士的外貌,要特别描写一下他手中倾斜的饭盒。"

"非常好。我觉得还应该简单介绍一下战士抗洪的背景,不然的话,读者可能会出现误解。"

"有道理。"小男孩儿说,"我认为还应该适当地回顾一下主人公在抗洪一线所付出的辛苦。这样,他有这个睡姿就理所应当了,就能够感动人了,对不对?"

"你想得非常周到。很好。"

"我还准备写他在睡梦中梦到自己仍然奋战在抗洪一线,这样更加能感动读者。你看这样行不行?"

"非常棒!醒着时,在抗洪;因为太累了,坐在那儿吃盒饭时,吃着吃着就睡着了;在梦中,他又到了抗洪前线。这样能够自然而然地体现出一名军人将人民的利益放在首位的优秀品质了。"

"你这样一分析我的思路就出来了。看来,我说得还是有道理的,对吧?"

"那是当然,你可是个高水平的构思者哦!"

"谢谢夸奖。我想我要设计一个精彩的开头。假如我以一个记者的身份写自己看到这个场景,不自觉地举起相机将这个情景拍了下来,行不行?"

"当然!"

"如果一开头我就描写战士嘴角挂着的饭粒,以吸引读者的注意力,这样行不行?"

"也非常好。"

"我说什么你都说行,为什么?"

"因为每一种设计,你都有这样设计的理由呀。更重要的是因为你对写作有了自己的见解,你完全有能力掌控这样的作文了。"

看!抗洪救灾战士的睡姿

食物顺着他的嘴角滑落,掉到他脚下浑浊的泥水中;他的嘴慢慢地停止了咀嚼——他睡着了。

2016年夏天,我的家乡洪水泛滥。一场场暴雨,使得很多人的家园被毁。洪水咆哮着,露出了狰狞的面目。在这危急时刻,解放军战士赶到了。

战士们为了群众的家园,为了群众的生命安全,不惜牺牲自己的利益。而这个睡着了的战士,就是这些战士中的普通一员。

这个战士脸上星星点点的泥浆,自然是抗洪时留下的。他的眼睛紧紧地闭着,嘴巴张开了一点点。此时此刻的他或许在做梦,他眉头紧皱,可能梦到自己正在和战友一起抗洪,可能梦到了洪水中的群众,也可能梦到洪水又一次来袭……

这个战士的衣服上有很多泥巴,只能从领口那一块看出它是绿色的。这个战士一只手端着饭盒,另一只手放在饭上,饭盒里的饭菜还是满的,他没吃几口就睡着了。他太累了!这个战士坐在一座楼房的台阶上,身边还放着一瓶喝了一半的水。

这个战士的裤腿上满是泥浆。那泥浆,使他的裤子已经看不出本来颜色。干了的泥浆特别厚,看起来用小刀刮都刮不下来。他裤脚上的泥却是黑色的,这应该是刚刚才沾上的。他的鞋很脏,泥水、汗水浸湿了鞋,他却全然不顾。

一位记者路过时看到了这位战士的睡姿,他拿起相机,按下快门,战士的睡姿便永远留在了相机里。

他,是普通得不能再普通的战士,但他为了大家,舍弃了小家。在我心中,他最可爱!

别人家的孩子

小男孩儿一看到我就迫不及待地笑着对我说:"今天上课时老师问我们周围有没有哪一个孩子,身上一丁点儿缺点都没有。"

"你们是怎么回答的呢?"我笑着问他。

"大家几乎异口同声地回答:有,那个孩子的名字叫'别人家的孩子'。"

"哈哈!太好玩了!为什么说是'别人家的孩子'呢?"

"你是不知道,我们的妈妈几乎是一样的:她们天天在家里对我们说,你看谁谁家的孩子,多懂事;你看谁谁家的孩子,学习一点都不要家长操心;你看谁谁家的孩子,上学也不要家长接送……"

"哈哈……"

"只要一遇到我们做她们看着不顺眼、不满意的事,她们脱口而出的就是这句话。这已经成了她们的口头禅了。"

"你们有没有反驳过她们呀?"

"反驳了可没什么用!但我心里清楚,说不定我也是别的家长眼里的别人家的孩子呢。"

"你的反应可真快!你这话说起来还有点拗口呢。"

"实际上也确实如此呀!你想想,谁能没有缺点呢?谁能让父母完全满意呢?谁能完全按照另一个人的意志去做事呢?两个人是两个头脑,而且年龄差距又那么大,代沟又那么深,我的所作所为不能让她满意是正常的。对不对?"

"嗯,很有道理。"

"我准备将这写成一篇作文,以此来表达一下我的观点。"

"那你作文的主要内容是什么呢?"

"我列举妈妈每次说别人家孩子时的前后经过,将它们排列起来就可以了呀。"

"要不要写写你自己听到这话时的心里反应呢?"

"当然要了!这样能形成一种对比。"

"很好!还有没有更奇妙的设计呢?"

"嗯,我都想好了。我在作文结尾时要安排上我碰巧听到别人家的妈妈正在他孩子面前表扬我呢——我也成了别人妈妈嘴里的别人家的孩子。好玩不?"

"太好玩了!写出来,一定是篇好作文。"

别人家的孩子

"快起床!快起床!每天早上光叫你起床都要半天,你看别人家的孩子都自己定闹钟!"看!这一大清早的,妈妈就拿我跟别人家的孩子相比。接下来的一整天,还不知道她要找多少个别人家的孩子来跟我比,以此"丑化"我呢!

吃早饭时,我一边托着腮,一边思考:别人家的孩子到底是什么样的呢?他们真的比我优秀吗?我还偷偷地在想,说不定别人父母眼中的别人家的孩子就是我呢!嘿嘿,不想了,再不吃的话,"别人家的孩子"马上又要来了。

"来!来!来!帮我把垃圾扔了!"老爸在一旁喊道。"哎呀,干嘛让我扔呀?弟弟不是没事吗?让他扔吧!"我不耐烦地说道。刚说完,耳边又传来了一句话:"你看看你,这么懒!别人家的孩子可比你勤快多了!""我的天呀!老爸,你竟然也学会了这一招。现在你在我心目中的完美形象全被这句话毁了!"唉,真的,一听到"别人家的孩子",我都有条件反射了!

我从书包中拿出试卷,心想:这次考了98分,看你还怎么说我。我要用成绩来堵住你们的嘴!

"母亲大人,您好!这是我的试卷。满分100,我考了98分。请母亲大人过目。"

"嗯,这次还不错!"我听了,心里美滋滋的,可是,我还是高兴得太早了,当母亲大人看完试卷后,脸立刻板了起来,且滔滔不绝地说了起来:"这道题错得多亏呀,就差一个单位换算了,要是给别人家的孩子做……"听到这儿,我再也不想听下去了……。

"别人家的孩子"终于现身了,我真的没有想到,妈妈嘴中的"别人家的孩子"竟然是我的两位好朋友。其实,"别人家的孩子"也不过如此,他们也爱玩手机、懒、马虎,而且这次考得还没有我好呢!

我再也不会相信"别人家的孩子"这种招数了!

来,让我们谈谈书吧

"你说,书籍对于学生来说意味着什么呢?"小男孩儿问道。

"我认为意味着一切。"

"什么意思?"

"没有书籍,就没有今天的人类,就没有今天的文明,就没有今天的科技发展。书籍帮人类传承了一切。"

"是这样的。那书籍对于我而言,意味着什么呢?"

"你这么优秀,我想这应该与书籍有不可分割的关系吧!我看着你读了那么多书。"

"是呀!书籍对于我而言,拓展了我的视野,让我了解了许多我所不了解的东西;让我有机会去想象未来的世界,引导我去思考,让我有了许许多多新的感悟;也让我感受到今天生活的幸福。"

"看来,读书的好习惯真的让你受益匪浅啊!"

"是呀,我已经喜欢上读书了。如果写关于读书的文章,我该怎样设计呢?"

"哈哈,原来你是在套我的话呀?"

"没有的事。套你话干嘛?我只是在想这个文章该怎么写。"

"肯定不能像我们刚才谈的那样泛泛的写。"

"你的意思是说这样空讲没有价值,要联系到具体的书籍,是不是?"

"是呀。"

"也就是说,一定要说读的是哪一本书,它的具体内容是什么,我从中有什么明确的收获。"

"当然。"

"可是我读了那么多书,该选择哪一本写呢?"

"你自然要选择那些能表现你文章中心的书籍了。"

"明白。只是,写每本书所给我的启示时,它们间要不要一定有联系呢?"

"那倒不一定,只要与'书籍的价值'这个大主题有关就行了。"

"好的。这样我写起来就轻松了。我随便选几本读过的书来写,就可以成为一篇文章了。"

书给我的一切

"人可一日无食,但不可一日无书。"这是我的座右铭。书,给了我一切。通过读书,我悟出了很多道理。

乐 观

贝尔,一档著名写实电视节目的主持人。他拍摄的《荒野求生》在全球很受欢迎。同时,他也是一位作家。我很喜欢他的《荒野求生》一书。书的主人公贝尔在丛林中探险,在沙漠里求生,在雪山上爬行,在海洋中冲浪……贝尔在书中提出了这样一个问题:生存最重要的是什么? 他认为是时刻保持微笑。我们在生活中也一样,遇到困难时,要时刻保持乐观的心态。只有乐观,才能放松,才能找到解决问题的关键,问题自然被解决。

想 象

《气球上的五星期》——那个时代还没有发明热气球,而作者凡尔纳却展开大胆的想象,想象有人将篮子吊在气球上,坐着篮子飞上天。在当时人看来,这简直是天方夜谭。现在,凡尔纳的想象早已变成了现实,人们发明了热气球,实现了这个梦想! 只有想不到,没有做不到,凡尔纳的想象验证了这句话,是想象力助推了人类文明的发展。

自 由

以前在美国,白人看不起黑人,把黑人当奴仆。《汤姆叔叔的小屋》的问世,改变了黑人的命运,他们纷纷拿起武器,反抗白人的奴役和压迫。这本书中的黑奴汤姆叔叔不愿受白人奴役,与白人斗智斗勇,最后不幸被打死。

一个白人少爷听到这个消息后很悲痛,将自己的黑人奴仆全部释放,并下定决心废除奴隶制。他四处奔波,经过努力,实现了汤姆叔叔的遗愿。每个人生来就是平等的、自由的,一部分人为什么要夺走另一部分人获得自由的权利呢?

团　结

《水浒传》是我国四大名著之一,里面的人物个性鲜明。梁山一百零八将,个个勇猛。他们很团结,敌军到来时,大家在一起商量对策;攻打城池时,你引兵,我埋伏,大家分工明确。在生活中,我们也要和同学们团结起来,只有团结一心,互帮互助,才能战胜困难。

我爱书,书给了我一切。书中的一切,改变了我。

作业很烦人，我想吐槽一下

小男孩儿有好几天都没到我这儿来了。我还真有点儿想他了。这天下午，小男孩儿很晚才出现在我身旁。我看到他有点疲倦，就问道："怎么好几天都没有看到你了呀？很忙吗？"

"可不是嘛！天天都为作业忙得晕头转向的。除了老师布置的家庭作业外，妈妈还给我布置了课外作业，美其名曰'增加营养'。真烦！"

"也是呀！每天看到很多孩子从我身边走过，他们一个个都背着沉重的书包，步履匆匆，我真替他们担心呀！"

"有时我真想成为一棵大树，没有作业，没有烦恼，多好！"

"我觉得你可以就这个问题写一篇文章，发发牢骚，这也是宣泄自己情绪的一种方式呀。"

"这倒是一个很好的建议。我可以借此发泄一下自己的不满。"

"你准备怎么写呢？"

"我就写作业是怎么折磨我的，写它让我一点儿玩的时间都没有。"

"这样也写不了几句话呀！"

"嗯——我还可以将自己的这种状态，与你、与小鸟儿等进行对比，以让读者感到我的辛苦。"

"很好。"

"我也可以将自己与其他相对轻松一些、还可以玩耍的同学进行对比，以此来显示自己的辛苦。"

"非常棒！"

"本来我想，放了假我可能会轻松些，可谁知妈妈又给我报了很多补习班，这更增加了我的痛苦。"

"好极了!你在写作过程中为了表现这种痛苦,可以运用什么手法呢?"

"可以运用夸张的手法,对不对?"

"聪明!一点就通,了不起!"

"哈哈!跟你这样一聊我开心多了。我回去写了啊!"

烦恼的作业

"作业怎么这么多啊!苍天呀!大地呀!到底是哪位神仙跟我过不去啊!"看到老师布置的作业,我在心里禁不住想道。

放学路上,我无精打采地走着。周围的阳光似乎也没有先前那样灿烂了,小鸟"叽叽喳喳"地叫着,它们一定是在为我鸣不平吧!

回到家,我毫无气力地打开书包,无奈地写起作业来。"刷刷刷……"屋子里安静极了,我能清楚地听到自己写字的声音。

"哈哈!作业做完喽!太好啦!"看来,邻居家的小男孩儿已经解脱了。听到他欢快的叫喊声,我好生羡慕:"为啥?为啥我的命这么苦?为啥别人的作业那么少,我们的作业那么多?我什么时候能没有作业呀?"

经过一番苦战,我终于"战胜"了作业!我抄上"家伙",准备出去稍微放松一下。谁知刚走到门口,我就被妈妈用"五指山"拦住了。"英语单词背了没?数学题弄懂了没?语文课文的意思搞明白了没……"妈妈连珠炮似地发问。从妈妈的语气里清楚地知道,我肯定是"飞"不出去了。我犹如被关在笼子里的小鸟,被蜘蛛网粘住的蜻蜓,更像被如来佛用五指山压住的孙悟空。

我只得又回到书桌前。为什么我就逃不出作业的'魔掌'呢?我何时才能成为一只可以自由飞翔的小鸟呢?

放假了,终于可以轻松一下了,我长长地出了一口气。"孩子,你来一下。假期这么长,我给你报了数学班、英语班、围棋班、象棋班、画画班……"我听得头晕目眩,妈妈手里拿着发票,晃来晃去,晃得我眼花缭乱。

"不多,不多,就这么多……"

"这些还不多?我晕!"

"你知道好学校有多难考的。我这不是望子成龙嘛!"

"我看你是'望子成猪'!老师布置的作业本来就多,你还给我报这么多的班,你还让不让我休息一下?"

"你现在的任务就是学习!不学习你将来干什么?捡垃圾都没人要!"

我彻底无语了。

我恨死作业了!难道小孩子生下来就是要学习、要做作业的吗?难道非要孩子夜以继日地学习,家长、老师才满意吗?你们给我布置这么多的作业,我到底能获得什么?

作业不应该成为一种手段,更不应该成为一种惩罚的手段。老师们,家长们,你们真该好好地想一想了!

技巧点睛(六)
修改,让作文脱胎换骨

"老师今天在作文课上说,如果想成为一个真正的写作高手,那一定要在写完作文后,不断地修改,甚至重写。可我写完作文后,看都不想看。你说怎么办?"

"这是一个好问题。我正想跟你谈谈这个问题呢!"

"为什么?"

"你看,你的作文从素材的选择,到立意,到语言的运用,都很好。也就是说,你写作文的基本功相当棒。不过,作文水平的提升实际上是一个不断完善、不断提高的过程,不可能一蹴而就。因此,作文写完后需要不断地进行修改,尤其有价值的是你自己对作文进行的修改。"

"可我不知道从哪儿开始改起呀!"

"这没有关系。你可以在写完作文后把它拿到这儿,大声地读给我听,我或许能帮到你。"

"真的?你可不要反悔哦!"

"那是肯定的。能够帮你这样优秀的学生一把,我很荣幸。"

"那你说我具体可以做些什么呢?"

"你可以先慢慢地读自己写好的作文呀!记得你曾经读过'书读百遍,其义自见'这样的话。你可能还没有感觉到,'读'其实可以解决很多问题。'读'能够让你发现作文中的句子是否通顺、语意是否连贯,还能让你读出自己作文中的用词是否恰当、标点是否正确、文章的格式是否正确,等等。"

"还有吗?"

"读完作文后,你可以闭上眼睛回想一下:你的整个构思与你所要表现的主题是否相符?每一个段落是否与主题密切结合?有没有需要进一步完善的地方?能否再添加一些素材?或者能不能有更新奇的设计可以让文章更加精彩?"

"我明白了。就是通过不断地修改,让自己的作文更完美。"

"对!就是这个意思。"

"作文是我自己写的,各种想法在写作之前就都设计好了。有什么好改的呢?"

"此一时,彼一时也。作文写完后你可能会有更好的设计,也可能会有更精彩的构思,这些可能当时想不到,后来又突然想了起来。还有,由于你写的时候考虑不充分、表达不够清晰等,各种问题都有可能出现呀。"

"你这样一说我明白了。看来,修改还真是写作中必不可少的一环啊!我以后一定会注意的。我之前好像也看过谈修改的文章,说著名作家如何修改自己的作品,只是当时没有往自己作文上想。我回去把原来写过的作文找出来再研究研究。只是有一个问题——"

"你说。"

"如果真的出现构思与中心不符,那我是不是要重写?那样的话,不是浪费时间了吗?"

"哈哈,不会的。表面上看是浪费了时间,而实际上,你从中获得的远远超过写一篇新的文章。因为这样的写作会让你认识自己的不足,会让你在更高的层次上认识作文!"

"我明白了。重写是更高层次的追求,对吧?"

"很好!你真是一个明事理的孩子。"

兴味盎然篇

你喜欢我家的小乌龟吗

"老师要我们写篇关于某种小动物的作文。我的周围倒是有很多小动物,猫啊、狗的我都写过了,再重复写就没有什么意思了。我想写一个好玩儿一点的。你有什么好的建议吗?"

"这个想法很好!作文就是要写出不一样的东西。它跟数学正好相反,一道题目做出来了,结果要大家完全一样才好;作文则一定要不一样才精彩。"

"好厉害!你一语道破了作文的实质啊!"

"哈哈!你喜欢什么小动物?"

"我喜欢小乌龟。"

"你见过小乌龟吗?"

"岂止是见过,我还养过呢。"

"那你说说你对小乌龟都有什么印象。"

"小乌龟可好玩儿啦!"

"具体说说。"

"什么叫'具体说说'?"

"小坏蛋,你逗我呢?你都不知道什么叫'具体说说'了?"

"哈哈!逗你玩呢!小乌龟的外壳很坚硬,上面有许多花纹,很漂亮;它的整个身子鼓鼓的;它吃东西时很好玩,不是狼吞虎咽地吃,而是小心翼翼地吃。"

"还有吗?"

"我经常把它从水中拿出来,小猫、小狗都喜欢跑到它跟前用爪子去戏弄它,我在旁边静静地看着,好玩极了!"

"漂亮!你看,一篇关于小动物的作文就这样轻松地写出来了。"

"是呀。我现在感觉写作文其实好简单好简单,写作文是我最开心做的

一件事。"

"这说明你已经慢慢地领悟到了写作的奥秘。"

"看到周围的同学为写作文而抓耳挠腮,我都觉得有点儿不可思议。"

"哈哈!你这可是有点儿'饱汉不知饿汉饥'了。"

"其实我觉得他们最主要的问题,是不会将作文的素材细化、细化、再细化。按照我的理解来打个比方吧!写作文就像做兰州拉面。写不出作文的同学,将一个大大的面团一下子放到锅里,他们以为老师要的全在这儿了;岂不知,这样的面团,即使花多长的时间,都是无法煮透、煮熟的,当然更无法下咽了。我们要向做拉面的师傅学习,学会将面团不断地拉长,叠起来;再拉长,再拉长……这样,就可以拉成非常细非常细的面条了。此时,面下到锅里,熟得快,味道好。这样的面,客人才喜欢。你说对不对?"

"真是了不起呀!这个比方表明你已经明白了细节的价值,且明白了如何描述细节。这可是在写作文过程中很多同学都遇到过的最大问题呀!"

"不止这些呢!做兰州拉面的店有好多家,怎样做才能吸引顾客呢?这不仅面要漂亮,还要给面配上上等的佐料,以保证这面端上来时色、香、味俱全,有自己独特的味道,这样才能吸引顾客,对不对?"

"鼓掌!鼓掌!"我说,"你咋会有这么深的感悟呢?"

"这还不是因为有你的帮助嘛!"

"别说假话,说真话。"我微笑着说。

"那次我和爸爸妈妈一起去吃一家有名的拉面,爸爸和老板谈心,我在旁边听的时候,就有了这样的感悟。你可别笑话我呀!"

"笑话你?怎么可能!好多所谓的作文专家都没有你认识得深刻呢!"

"你可别夸了,再夸我都不好意思了。"

我家的小乌龟

妈妈从朋友家带了一只小乌龟回来。我好高兴!

小乌龟还没有我的巴掌大呢!我把它放在一个鱼缸里。小乌龟在鱼缸里快活地游着,可爱极了!

小乌龟的外壳很坚硬,是褐色的,中间突起,上面还有许多花纹。小乌龟像一位威武的穿着铠甲的战士,身体鼓鼓的。它的外壳上还有六个小孔,分别是它藏头、尾巴和四只脚的地方。虽然我看不到它的耳朵,但它的听觉特别灵敏,一听到动静,它的脖子就立刻缩进小孔中。

　　小乌龟吃东西时的样子很有意思。我把食物放到它面前,它先把脖子伸出来对着食物闻一闻,我还以为它不饿,不想吃食物呢;可是等我一走,它就立刻张大嘴巴,一口就把食物吞进肚子里。我看它好像还没有吃饱,又拿来一些食物放在它面前。它还是先围着食物闻一闻,然后再吞进肚子里,真有意思! 看来,它的警惕性还蛮高呢!

　　小乌龟爬行时的样子会不会更好玩儿呢?只见它爬行时四肢在不停地划动,还一伸一缩的呢!它爬行的速度很慢,但是如果让它和蜗牛一起比赛跑步,它一定跑得比蜗牛快。

　　有一天,我闲着没事,就逗小乌龟玩。我把它拿在手中,再从口袋里掏出事先准备好的羽毛。我拿着羽毛在小乌龟的身上挠了挠,小乌龟可能是怕痒痒吧,把四只小脚、头和尾巴都缩进了龟壳里。看小乌龟的样子很有意思,我又拿羽毛往它身上挠了挠,这次小乌龟好像生气了似的,一下子把头伸了出来。它脖子伸得老长老长,四只小脚不停地蹬来蹬去,想要从我的手中挣脱出去。看着小乌龟拼命挣扎的样子,我只好把小乌龟放了回去。

　　还有一次,我把小乌龟放在小狗旁边就出去玩儿了。当时我就在家门口玩儿,我看到小狗对小乌龟很感兴趣,就趴在窗边看。只见小狗用爪子敲了敲小乌龟的外壳,小乌龟吓得赶紧把身子缩进了壳内;小狗可能是饿了吧,懒洋洋地趴在地上看着小乌龟,估计它心里在想:"反正主人不在家,小乌龟不见了,他也不知道是我干的,我把这小家伙吞进我直流口水的大嘴巴里吧! 哈哈!"它把它的大爪子伸向了小乌龟。就在这时,我飞快地冲到小狗面前,拿起一根小树枝做出要打它的样子。小狗慌忙跑进了自己的窝中,躲在小角落里不出来了。

　　我家的小狗才养两三个月就长得很大了,小乌龟已经养了两三年,却还是那么小,一丁点儿也没变。这是为什么呢?

吐槽一下出校门之难

小男孩儿背着书包跑到我面前,气喘吁吁的,"哎呀,我的妈呀!现在出个学校门,你都不知道有多难!"

"怎么啦?"

"学校门口尽是人,各种各样的人,出个校门要好长时间。"

"看来是学生人数太多了。"

"不仅仅是学生,还有其他人呢!"

"还有哪些人呀?"

"有接学生的家长,有卖东西的小贩,有乞丐,有发小广告的校外培训机构的人……"

"呵呵,还真不少呢!"

"唉,快吵死人了。"

"都有哪些声音呢?"

"有喊学生名字的声音,有叫卖各种东西的声音,有各种车子启动发动机的声音,有各种车的喇叭声……"

"还有其他的吗?"

"让我想想。对了,还有飘散在空气中的各种味道。"

"都有些什么味道?"

"有炸鸡腿的香味,有爆米花的香味,有烤红薯的香味,有烤香肠的香味……哎呀,不能说了,我都快淌口水了。"说着,小男孩儿笑了起来。

"哈哈!你这一说,一个很好的写作素材就出来了。"

"你别说,还真是呢。这文章就叫——"

"'校门口的所见所闻'?'艰难地出校门'?'门难出'?"

"好土！唐僧经历八十一难才取得真经,我看就叫'出校门之九九八十一难'。"

"果然聪明,佩服！这是一个好题目,肯定吸引人！"

"从哪儿入手写才能更加吸引人呢？"

"这个你是知道的呀。"

"那我就从下课铃声响起开始写。写自己听到的、看到的、闻到的,以及自己的感受。"

"非常好！这样就可以自然地将读者带入情境中,使读者与你产生情感上的共鸣。"

"我还可以适当地进行一些夸张,这样能让读者有更深刻的感受。"

"你还可以——"

"对了,我还可以写一写自己对这件事的思考。是什么原因导致了这种状况。"

"哈哈,漂亮！这将会是一篇非常棒的作文。"

小男孩儿听到我的评价,喜滋滋的。

"现在你的进步可大了。随便一件小事,经你一说就成了一篇作文,而且你切入的角度又是那么独特。你可真了不起呀！"

"这有什么。作文素材不就是从生活中来的嘛！"

"这话自然是对。关键是你能够自觉地发现呀！你周围的其他孩子怎么就发现不了呢？"

"你说的也是哈。"小男孩儿快快乐乐地回去了,"大树,再见！"

出校门之九九八十一难

"叮铃铃,叮铃铃！"唉,放学了。在我的人生体验中,最痛苦,莫过于走过那乱糟糟的校门口了。

我哭丧着脸,背起书包向教室外走去。刚出教室门,我的听力受到了严重的挑战,高分贝的喧哗声,吵得我的听力都下降了;我往楼下校门口看了一眼,黑压压的一片,人山人海,水泄不通,就连一只瘦身成功的蚊子都很难

插进一只脚。

来接孩子的家长们似乎并不着急。他们有的靠着墙,显得很无聊;有的在和认识的人聊天;有的干脆在校门口的台阶上找一个地方坐着,这是"训练有素"的家长,他们在等着孩子来找自己;有的举着手,尖着嗓子喊:"我在这儿!我在这儿!"还有的斜着身子在人群里穿来穿去,眼中露出紧张的神色……有的家长接着了孩子也不急于离开,关心地问着孩子:"考得怎么样?"得到满意回答的,喜笑颜开;不满意的,怒气冲天;更有甚者,当着他人的面就抡起自己的拳头,随即而来的是哭声,当然这无法引起他人的注意。

我好不容易挤出了家长群。我的个亲娘咧!一个更可怕的景象出现在我的面前:数不清的车子杂乱无章地停放在马路上,有自行车、摩托车、小汽车,还有公交车、大巴车。有的就直接停在马路的正中间,犹如一只骄傲的大公鸡。我踮起脚尖往马路两边一望,被堵住的车子长得没有尽头。

大概是车主忍不住了,被堵住的车子一个个鸣叫起来,和着家长们的叫喊声、小贩们的叫卖声,简直就是一个噪音的世界!在这样的噪音环境中,我真的感觉世界末日就要来临了。而小贩们似乎并不在意这些,他们仍在高声地叫喊道:"桑果,大减价了!""画片勒,便宜了!"家长们受不住孩子的纠缠,不得不掏出钱包,堵住孩子的嘴;不知从何处赶来的乞丐也来凑热闹,"行行好,打发两个吧!"边说边绕着你转。看样子,不给是走不了的。

这就是市区每一个学校门口都有的乱象!

我一直在思考学校门口为什么会这么乱。我看根源在于我们家长的素质。我理解家长们的爱子心切,但你们不能因自私而伤害了别人。家长们,麻烦你们改掉接孩子时的一些坏习惯,还我们一个安静美丽的校园吧!

因偶然而成就的美文

"我跟你讲一件有趣的事。"小男孩儿一到我面前,就迫不及待地说起来。

"什么事让你这么兴奋?"

"今天我们正在上课的时候,班里飞进了一只小蜜蜂。女同学们给吓得,有的喊,有的叫,还有的干脆躲到了桌子底下。哈哈,太好玩了!女同学们的胆子也太小了。"

"那男同学们呢?"

"男同学们可兴奋了。有的拿书打,有的拿东西砸,有的站在桌子上准备用手拍呢。"

"那你们老师呢?"

"老师?对了,她站在那儿,眯着眼欣赏我们的所作所为呢!"

"你们老师可真有趣。"

"有趣?你猜最后她怎么说?"

"她能怎么说?"

"她说这蜜蜂是她请来的,说这就是今天的作文。同学们听了,脸上的表情比被蜜蜂蜇了还痛苦呢!"

"你们老师可真是个高手啊。"

"为什么这样说呢?"

"你不记得了?你前不久不刚说素材来源于生活吗?这可是最真实的生活呢!"

"说的也是哈!只是我刚才说的这些似乎还不足以写一篇作文呢!"

"没有关系的。你再回忆一下,是不是还有更精彩的部分你没有说到?"

"让我想想。"停顿了一会儿,小男孩儿说,"哦,哦,我想起来了。'我就是一只/勤劳小蜜蜂/不怕那大雨/也不怕风/等春去秋来/我一定成功/其中的快乐/你懂不懂/我就是一只勤劳小蜜蜂/飞过那夏天也飞过冬/忙东又忙西/一路向前冲/其中的快乐/你懂不懂/一只小蜜蜂呀/飞在花丛中啊/嗯啊嗯啊/嘟嘟你的嘴……'"小男孩儿说着说着,手舞足蹈,高兴得唱了起来。

"怎么这么高兴呀?"

"我可以把这歌词融入到我的作文中呀。"

"当时的细节你还能想起来吗?"

"我想起来了。小蜜蜂一会儿趴在天花板上一动也不动,大家的热情随之也降低了一些;一会儿飞到玻璃上,大家又兴奋得叫起来;一会儿飞到门口,似乎要离开,大家正要跟它说'拜拜',谁知它又飞了回来,而且飞到了胆子最小的女生的头顶上,哈哈……"笑着笑着,小男孩儿停了下来。

"怎么啦?"我问道。

"我想起'引'这个字了。这下情节可曲折了。"说着,他用手示意着,如波浪一般,"我要一个波折一个波折地写。"

"一个波折一个波折地写是什么意思?"

"就是写了小蜜蜂的行为后,接着写同学们的反应;而且将男同学和女同学分开来写。我可以按照'平静—兴奋—等待—高潮—尾声'这样的思路来写,再把老师站在讲台上的反应加进去:学生乱作一团,老师却似乎是心静如水,冷眼观察,不动声色。"

"果然厉害,你可真了不起!"

不速之"蜂"

今天上语文课时,同学们正在聚精会神地听课。突然,一阵"嗡嗡嗡"的声音从远处传来。一开始大家还没有察觉到,可渐渐的那声音越来越大,等它落在一个同学的身上时,它的身份一下子暴露出来。原来,班里来了一只小蜜蜂。

教室里一下子炸开了锅,安静的教室里立刻喧闹起来。"啊——

啊——"这声音足以与世界顶级的女高音一决高低了。吵闹声让小蜜蜂兴奋起来,它似乎感觉到自己很受欢迎,于是它快速地在天花板上飞翔、旋转。它飞翔的线路具有一种独特的曲线美。而伴着小蜜蜂的优美舞姿,女同学们的尖叫声也是不绝于耳,我的耳朵顿时出现了暂时性耳鸣。同学们的注意力都集中到小蜜蜂身上,至于老师说什么,已无法吸引同学们了。不知道是被我们看得不好意思了,还是感觉到自己身处险境,小蜜蜂飞得更快了,一会儿往后飞,一会儿向前飞,完全没有规律可循,以致我们想攻击它都找不准方位。

　　过了一会儿,这位"客人"似乎是飞累了,渐渐地放慢了速度。我终于有机会仔细地观察它了。我发现它全身都是金黄色的;尾部的刺虽然细,但看上去咄咄逼人;它那短短的翅膀在不停地、快速地颤动着,同时还伴随着"嗡嗡"的声音。

　　大家这么关注小蜜蜂,不再听课,老师竟然没有生气。她让大家仔细看看这小蜜蜂到底长什么样。大家众说纷纭。接着,老师又问了我们一个问题:这小蜜蜂为什么会飞到我们班来呢?同学们一下子来劲了,有的说肯定是来听我们老师讲课的,我们老师的课上得太好了,连小蜜蜂都被吸引来了。这样的答案在教室里引起一阵哄笑。有的说它肯定是看上我们班的帅男靓女了,又是一阵笑声。小蜜蜂是作业太多了,逃学出来的吧?这个答案又让教室里热闹起来。

　　小蜜蜂似乎又一次被同学们点燃了热情,它再一次飞起来,同学们紧跟着惊叫起来。在同学们的叫喊声中,它完成了一个又一个空中表演动作,而且每个动作都是那么完美;它像一个翩翩起舞的舞者,正在如痴如醉地展示着它的舞姿。我们目不转睛地盯着它,生怕错过了最精彩的表演。

　　谁知它竟然不辞而别,从窗户的缝隙间溜走了。我们真希望它能来个华丽的转身,再给我们增添一份惊喜。

　　这只不速之"蜂"给我们的生活增添了几多色彩、几多欢乐,给我们留下了美好的回忆。

聊出好作文
Liaochu haozuowen
兴味盎然篇

共赏烟花美景

除夕是万家团圆的日子,这天傍晚,小男孩儿抱着一捆烟花来到我脚下的草坪上。他是要和我一起,欣赏烟花所营造出来的美景。

小男孩儿先将烟花一个个摆好,然后拿起打火机小心翼翼地去点其中的一个烟花,结果点了几次都没有点着。他去找了一截长长的枯树枝,先把枯树枝点燃,自己站得远远的,然后用树枝去点烟花。伴着浓烟和呼啸声,各种颜色的烟花弹在空中爆炸,将天空渲染得无比美丽。

第二天下午,小男孩儿又来到我身边,对我说:"我要写一篇关于烟花的作文。你有什么建议?"

"哈哈,你现在不需要我的建议也绝对可以写一篇漂亮的作文出来。"

"你都不知道我昨晚有多担心呢!"

"我感觉到了。你一开始远远地站着点,后来慢慢地靠近了点,点了好几次都没有点着,最后只好用树枝来点。看来你是被自己吓着了。"

"可不是嘛!"

"所以你的作文可以——"

"曲折多变用'引'字法来写。"

"生活本来就是这个样子,没有哪一件事是做了就一定能成功的。"

"有道理。那烟花的美丽怎么写出来呢?"

"你说呢?"

"那瞬间的美丽可是很难写的呀。"

"你可以——"

"明白了。你的意思是我可以运用多种修辞手法来写,对不对?"

"当然!你还可以——"

"还可以运用多种感官来感受。"

"漂亮！你还可以——"

"将快速的动作用慢镜头呈现出来！"

"看看！我说吧，我的绝招都被你学去了。"

"如果我想写得更丰富一些，还可以运用联想、想象等手法。"

"太棒了！我看到了你当作家的潜质了。"

"你可别这么表扬我，我会骄傲的！"小男孩儿开心地笑着回去了。我相信，这一定是一篇精彩的作文。

让烟花"飞"

"孩子，快来吃年夜饭了！"

"别急呀！我正在放烟花呢！"

此时，我拿着爸爸的打火机，正兴致勃勃地准备点燃下午从市场上买来的烟花呢！

我先将烟花平放在地上，让导火线露出来，然后拿起打火机，准备点燃烟花。不知怎么的，我的手突然抖了起来。这可是市场上爆炸力最强的烟花，我还未满14岁，是不是不能一个人放啊？心里想到这个，我的手不由自主地缩了回来。不行！咱可是男子汉！遇到困难要自己想办法解决。

我四处瞅了瞅，发现不远处有一截枯树枝。这下有办法啦！我勇敢地按下打火机的开关，火苗冒了出来。此刻，我的心"怦怦"直跳，终于将枯树枝点着了！我侧着身子将枯树枝伸向烟花，当火苗即将挨上导火线时，突然"呀"的一声伴着冷风窜进了我的耳朵。完了！要挂了！我下意识地捂住耳朵，心险些跳到嗓子眼！可是过了七八秒，居然没听见声响。

我眨了眨眼睛，定睛一看，还没有点燃呢！转过头，我看见三妈家的洋洋正在那儿捂着嘴笑呢！可恶！刚才的声音一定是他发出来的！我火冒三丈，不由分说地把他赶走了，然后又去点烟花。也许是刚刚发过火，我像吃了熊心豹子胆似的，伸手就把烟花点着了。跑到一边准备欣赏，可等了半分钟仍不见动静，只见导火线虽然挨上了烟花，但还是不见烟花升上天空。这

质量也太差了吧？可是导火线只剩这一点儿了,再去点是不是太危险了？我绞尽脑汁,终于想出一个超级完美的计划:先把刚才那根树枝点着,然后把它扔到烟花上。火焰明明已经燃到导火线了,可烟花还是迟迟不飞。

我很奇怪,蹑手蹑脚又心惊胆颤地走近烟花。我刚走到它旁边,它就像个顽皮的小孩儿想故意吓我似的,飞速旋转起来,吓得我差点趴在地上。只见它飞快地旋转着,还喷洒着五光十色的火花,像各色的飞箭冲向地面,同时溅射出飞扬的流苏。突然,它又变幻成一支火箭,以光一般的速度窜上天空,即使在空中,它仍保持着旋转的态势,周围像雷鸣时的闪电一样,绽放出一道道蓝色光圈。

最后,光圈消失了,烟花在天空中划出一道道紫色的弧线,在一声巨大的爆炸声后,它就在我的视线中消失了。

"哈哈！烟花飞喽！"我欢呼起来。

技巧点睛(七)
人物对话前的提示语很重要哦

"今天老师在班里点我名了。"小男孩儿对我说。

"肯定是表扬你的认真喽。"

"是表扬了,但也指出了我作文中存在的问题。"

"什么问题呀?"

"老师说我不太会写人物的对话,而且在人物对话的前面不会用提示语。"

"哦。你的老师真是一个写作高手,她竟注意到了这么细小的问题。"

"她说得很对。我回家翻了翻自己以前写的作文,果然是这样。"

"这个问题你一旦明白了,改正起来就会相当容易,只是以前没有注意到而已。"

"教我几招吧!"

"这哪里需要教呢!你只要将真实的对话写出来就行了。"

"那提示语呢?"

"每个人说话的时候都有相应的动作和神态。你看你现在和我说话,难道像站岗的武警那样一动不动、脸上也没有任何表情吗?"

"当然不是。"

"这就对了呀!你可以把你的神态和动作用词语表现出来,放在说的话的前面、后面或者中间就可以了。"

"明白了。"小男孩儿说。

"不过你在写作文时千万不要为了加提示语而加提示语。"我提醒道。

"什么意思?我不太明白。"

"就是你不要因为老师指出了这个问题,而为了避免这个问题出现,不管需不需要,在写人物对话时都加上人物的动作和神态描写。那样就画蛇添足了。我们在写人物对话时加上人物的动作和神态是为了让人物的形象

更加鲜明、生动。明白吗?"

"我还是不大明白。"

"举个例子来说吧。"我说,"一次,两个男人走在乡间小道上。突然,前面的男人看到路上有一个缺口,如果不留心,一脚踩空,就会跌下去摔伤。于是,他扭头用手捣捣后面的那个男人,后面的男人满脸惊讶:'嗯?'前面的男人一脸平静,指着那个缺口,说:'嗯。'后面的男人感激地看着他,说:'嗯!'"

"注意到了吗?两个男人说出的话都是一样的,但如果没有人物说话时动作和神态的描写,别人都不知道这两个男人在干嘛,更不知道这同样的字该怎么读,对不对?而这三个字的意义,都在人物的动作、神态和语气上了。这时,对人物的神态和动作进行描写,就必不可少。"

"你这样一举例我就明白了。应该根据作文内容的需要来决定是否加提示语;加与不加,要看其能否为文章增彩而不是变为文章的累赘。"

"哈哈,真聪明!佩服!佩服!"

一

独树一帜篇

聊出好作文
Liaochu haozuowen
独树一帜篇

对垃圾的认识，是不是该变一变了

小男孩儿手里拿着一个纸质的杯子，边喝边来到我身边。喝完后，他举着奶杯问我："这个杯子和你有关系吗？"

我被他这个很突然的问题给弄糊涂了："你为什么会这么问？"

"老师说你们是亲戚。"

"哈哈！你别说，我们还真是亲戚。我是它的前辈呢！"

"老师也是这么说的。"

"老师还说了什么？"

"老师说，世界上本不该有'垃圾'这个概念，垃圾是放错地方的资源。你能接受这个奇怪的说法吗？"

"当然能。"

"那是不是说我们应该重新认识一下'垃圾'这个概念？"

"是呀！"

"可我还是有点不明白。"

"举个例子你就明白了。动物的粪便是不是垃圾？"

"当然是喽。"

"哈哈！但那对于我们来说，它是肥料，是营养。落叶算不算垃圾？"

"算呀。"

"但对于土地来说，它是肥料，是营养。它能让土壤变得疏松。"

"我有点儿明白了：一种东西，对某一对象来说可能是垃圾，但对另一对象来说可能是资源。是不是这个意思？"

"真聪明！所以现在大家要重新认识所谓的'垃圾'，要有一种新的意识，也就是资源意识，而不是垃圾意识。千万不要认为某个东西对自己没有用了,就随手一扔。这一方面浪费了资源,另一方面也污染了环境。"

"我彻底明白了。老师要我们写一篇这方面的作文,以此来引导大家形成一种新的资源意识。"

"那太好了。"

"可是这样的作文很难写啊!"

"难写?这要看对于谁来说了。对于你,一点儿也不难。"

"你又在逗我了。我说的难,是难在角度,你明白吗?"

"明白。但你会有办法的!"

"我能想到的最好的办法就是让垃圾说话。"

"可以啊!只要能写出出彩的作文,什么办法都可以用呀。"

"你说的也是。我这篇作文主要是呼吁人们注意环保,警告人们不要认为什么都是垃圾而随手乱扔。这一方面污染环境,另一方面也浪费资源,同时还会占用大量的土地,到最后是人类自己害自己。"

"你准备用什么形式来设计这篇作文呢?"

"我准备用书信的形式,以垃圾王国国王的身份来告诫人类乱扔垃圾所带来的各种意料不到的恶果,以此来警告大家不要挖坑埋自己。"

"这个设计非常好。因为'垃圾国国王'对垃圾的价值最清楚,也能把这个问题容易讲明白。"

"我觉得这是一个迫在眉睫的问题,真的非常有必要引导大家认识到它的严重性。前一段时间我到农村去,发现好多农田里因为堆满了垃圾,再也不能种庄稼了。多么可惜呀!更可怕的是,一刮风,塑料袋满天飞,树枝上挂满了各种颜色的垃圾袋,这些垃圾袋在风中飘动着。表面上我们的生活好起来了,而实际上我们的未来在哪里呢?想起这些,真让人彻夜难眠啊!"

"你非常了不起!一个孩子,能这么清醒,能从书本中抬起头来观察周围的世界,并提出一些有价值的建议,这让我看到了未来的希望。如果你这样的孩子越来越多,那这个世界就能越来越好。"

垃圾王国国王给人类的一封信

亲爱的人类：

你们好！

我是垃圾王国的国王。今天我写信给你们，是请求你们及时控制一下日益增多的垃圾数量。现在，我们垃圾王国的"人口"数量已达千万亿，如果再这样下去，垃圾王国乃至地球就要爆炸了！你们吃饭时喜欢用一次性碗筷且用完后随处乱丢，如果每个人都这么做，会有多少棵参天大树倒下？有的小朋友吃饭喜欢剩碗底，地球上有70多亿人，如果每个人浪费一粒米，那么一天会浪费多少粮食？一个月，一年呢？那将是一个天文数字。这无形之中又会产生许多新的垃圾。

不过，浪费是你们的事。不是我吓唬你们，如果垃圾不断增多，垃圾王国的疆土不断扩大，我们就会不断地侵犯你们的领土，让你们的城市变成臭气熏天的垃圾堆，让你们农村的耕地变成我们的乐园。到那时可不要怪我们翻脸不认人，这可都是你们自己造成的！

你们认为我们垃圾一无是处：传染疾病、污染空气、占用耕地。其实这是你们的错误认识，这也说明你们还没有真正了解我们。

什么是垃圾？垃圾是放错地方的资源！如果你们能善待我们，合理地回收并利用我们，我们就可以重新变成崭新的纸张，崭新的玩具，甚至更多有价值的东西。当然，我们中有一些确实难以回收，比如塑料袋等。这些东西，你们可以少用或者不用。你们应该发挥自己的智慧，这样你们才能在地球上生活得更久。

一句话，希望你们不要再无休止地制造垃圾了。如果你们执迷不悟，当我的臣民占领地球的时候，留给你们的就只有泪水了。到那时，你们就悔之晚矣！

请爱护地球吧！爱护地球，就是爱护你们自己；爱护地球，就是爱护你们赖以生存的家园。请你们务必记在心上！

此致

敬礼

垃圾王国国王

201×年×月×日

从100到1000,看我变变变

小男孩儿来到我面前,笑眯眯地对我说:"我读个故事给你听。"还没等我同意,他就大声地读了出来:"一只蝎子要过河,央求别的动物帮他。大家拒绝了它,因为大家都怕它身上的毒刺。蝎子一再哀求,最后,青蛙同意背它过河。快到岸了,蝎子把毒刺扎在了青蛙身上。青蛙临死前问它:'你不是保证过不蜇我吗?'蝎子说:'我实在是忍不住啊!'"

"哈哈!蛮有意思的,就是太短了。"

"是太短了,所以老师让我们把这个故事由100字左右变为1000字左右。"

"原来如此!这对你来说可是小菜一碟呀!"

"哈哈!那是。"

"愿闻其详。"

"这个故事的核心是蝎子食言,最后用毒刺蜇死了青蛙。"

"很好!你对这个故事中心内容的把握非常准确。"

"因此,我想我应该在'央求'和'实在'两个词上下足功夫。"

"什么意思?我不太明白。"

"'央求'的过程是蝎子发毒誓的过程,而'实在'则是它食言的原因。"

"你的意思是——"

"我的意思是,蝎子可能央求了很多小动物,它是怎么央求的,它们是怎么拒绝的,为什么拒绝,在这儿可以做足文章,这就为后面青蛙的悲剧作好了铺垫。"

"有道理。"

"之所以要在'实在'上下功夫,是因为我想起了你说的'引'字。我准备将这个情节设计成'蝎子想蜇—不能蜇—仍然想蜇—还是不能蜇—实在忍

不住——终于蜇了,这样一个过程,详尽地描写蝎子蜇青蛙前复杂、纠结的心理。这样就可以使情节变得更加曲折,也更加有趣。"

"其实,你还可以——"我说。

"你是想说我应该解释一下蝎子为什么要蜇青蛙吧?"

"真聪明!"

"哈哈!我想到了!我准备这样设计:蝎子透过青蛙的皮肤,看到它那洁白、细腻、甜美可口的肉,实在忍不住了,所以蜇了青蛙。"

"哈哈!你这篇作文将会让人眼前一亮。"

"你这样一说,我就更有信心把这篇作文写漂亮了。"

"哈哈!看来你很看重我的评论啊。"

"那是,你是我的老师呢!"

江山易改,本性难移
——蝎子与青蛙的故事

一天,蝎子妈妈生病了,住在河对岸的小蝎子听说了这件事,很着急,背起背包就去看妈妈。等跑到了河边,小蝎子才想起自己根本不会游泳,它只好向其他会游泳的小动物求助。

不一会儿,一只乌龟经过这儿。小蝎子立刻走上前去,温柔地对乌龟说:"乌龟大哥,能不能麻烦您把我驮过河?"乌龟一看是只蝎子,生气地说:"几天前,我在前面慢慢腾腾地走,你的亲戚却在后面想趁我不注意,伸出毒刺蜇我,幸亏我躲进了壳里,才躲过一劫,我才不帮你呢!"说完,乌龟头也不回地走远了。

过了一会儿,一条鲤鱼游了过来。小蝎子含情脉脉地说:"鲤鱼先生,麻烦您把我驮过河,好不好?"鲤鱼一看是只蝎子,气都不打一处来:"去你的!我爸爸就是被你们蝎子给害死的,我还没有找你算账呢!你还想让我驮你过河,简直是白日做梦!"鲤鱼说完,摇摆着身子游走了。

小蝎子失望极了。想起自己生病的母亲,它坐在河边默默地掉起了眼泪。

这时,小蝎子看见一只青蛙正在旁边觅食,就可怜巴巴地说:"青蛙老弟,你能把我驮过河吗?"青蛙一看是只蝎子,立马说:"我认得你,你们家族在咱们动物界臭名远扬,你们到处蜇其他动物,你知道有多少动物死在你们的毒刺下吗?我要是帮你,岂不是助纣为虐?"小蝎子听青蛙这么一说,伤心极了,忍不住大声哭了起来:"我妈妈病了,我要是不能过河,就再也见不到妈妈了……"青蛙毕竟是善良的,小蝎子这么一哭,它的心就软了:"你别哭了,我就相信你一回,把你驮过河。你可不要蜇我啊!"

"我对天发誓,绝不蜇你!"小蝎子举起自己的一只脚说,"更何况我在你的背上,你死了,我不也完了吗?"青蛙一想也对,就让小蝎子骑在了自己的背上。

小蝎子趴在青蛙的背上,感激地说:"青蛙老弟,你可真是我的恩人啊!"青蛙说:"可别这么说,要不是看你可怜,我才不驮你呢!"小蝎子沉默了,低头看着青蛙的背:只见青蛙背细皮嫩肉的,颜色青翠欲滴,趴在上面,那么柔软,那么温暖,它忍不住伸出了自己的毒刺。

"我不能!"小蝎子心想,"我不能!我真的不能!"为了分散自己的注意力,它将目光从青蛙的背上缓慢地移开。它去看蓝天,看白云,看鸟儿。可那些在别人看来非常美丽的景色对它一点吸引力都没有,小蝎子的目光又回到了青蛙背上。

"忍住!我要忍住!"小蝎子默默地对自己说。

"快到了。"青蛙说,"你做好准备上岸吧。"

蝎子做好了准备,终于把毒刺刺在了青蛙身上。青蛙顿时头晕目眩,口吐白沫:"蝎子……蝎子……"小蝎子看着渐渐下沉的青蛙,眼泪汪汪地说:"青蛙老弟,对不起!我实在是忍不住了,你太有魅力了,对我的诱惑太大了!我没有办法呀!"

青蛙用尽最后的力气说:"我错了,错在不听老人言,亲人们一再告诫我要远离你们蝎子,可我居然天真地以为你不会蜇我,我终于成了'农夫与蛇'中的农夫。"说完,青蛙缓缓地沉入了水中。

看着自己的身体也渐渐入水,小蝎子喃喃地说着:"我实在是忍不住呀!别怪我!"

喜欢自己的 N 个理由

小男孩儿轻轻地拍了拍我:"你喜欢自己吗?""哈哈!我从来没有想过这个问题呢!"

"那你现在就想,我等着你的回答。"

"这可是个很深奥的问题哦。可我不需要思考这个问题呀!"

"想想嘛!就算帮帮我,行不行?"

"所谓喜欢不喜欢自己,这里涉及的是一个能否悦纳自己的问题。能悦纳自己的人,幸福感会强一些;不能悦纳自己的人,幸福感会弱一些。"我自言自语道,"嗯,我喜欢自己。行了吧?"

"那你回答我的第二个问题:你为什么喜欢自己?"

"你的问题太多了。"

"帮帮我吧。"小男孩儿请求道。

"理由可多了。比如我安静,我专心于本职工作——默默地给人类提供氧气,提供绿色,提供阴凉、为人类遮风挡雨、固定水土,等等。"我说得自己都不好意思了。

"哈哈!你的理由还蛮多的呢!"

"现在轮到我问你了。你为什么问我这个问题?"

"老师让我们写'我喜欢自己'。我也跟你刚才说的一样,从来没有想过这个问题。"

"原来是这样啊!你也应该有无数个理由喜欢自己呀!"

"我怎么没有发现呢?"

"哈哈!主要是你对自己要求太高了。"

"那你说说我身上有什么优点值得我自己喜欢。"

"太多了！你那么帅气,那么阳光。"

"这也算?"

"哪怕是一点点优点也应该是值得骄傲的。为什么要找那么多宏大的理由呢?"

"我明白了,喜欢自己不需要宏大的理由,只需要从点点滴滴的小事中发现自己的优点,对不对?"

"就是。我们都很平凡,何必自己跟自己过不去,对自己有过高的要求呢?"

"这么说我可以从一点一滴的小事中发现自己的优点,并由此而喜欢上自己。"

"对头!"

"我按时上学、认真听课、及时完成作业、孝敬父母、不让父母为我操心、愿意帮助同学、热爱劳动等都是我的优点。"

"很好！这些确实都是你的优点。还有吗?"

"尊敬长辈、善于听取别人意见……"

"非常好！这样你的作文写起来就没有什么问题了。"

"我要再好好想想。按照你提出的标准,说不定我还有更多喜欢自己的理由呢!"

"那是当然,不然的话,你怎么可能这么优秀呢?"

"哈哈！你又逗我。"

"没有,没有,我真的觉得你很优秀。你身上有无数个优点,这也是我喜欢你的原因。"

"谢谢你！我回去写作文了啊!"

我喜欢自己的N个理由

我有无数个优点,却只有一个缺点,这个缺点是——我太喜欢自己了!就算全世界的人都抛弃了我,我也没有理由抛弃我自己。因为我不应该不喜欢自己,你说是不是?

我喜欢自己不是没有理由的。

我喜欢自己,因为我很懂事,能够做力所能及的事:自己叠被子;主动完成作业,不要妈妈操心。

我喜欢自己,因为我很勤奋:我早上5:30起床,6:00开始锻炼,然后开始一天的学习生活。

我喜欢自己,因为我是一个讲文明的人:我见到垃圾就捡,每次我出门都带着装垃圾的塑料袋;等袋子装满了,再倒进垃圾桶里。

我喜欢自己,因为我爱写字:每次只要一到了书店,我就赶紧跑到卖字帖的地方,认真研究每一个字的写法,我实在太喜欢书法了,总是缠着妈妈给我买字帖。

我喜欢自己,因为我是一个尊老爱幼的小公民:在公交车上,只要有老人上车,我都会主动让座;遇到小朋友摔跤,我会毫不犹豫地上前去扶他一把。

我喜欢自己,因为我很喜欢写作,我的写作水平在班里可是一流的哦!

我是个快乐、勤奋、好学、有爱心的孩子,我还是一个多才多艺的好学生。

有这么多优点,我有什么理由不喜欢自己呢?

有一天，当父母突然之间变成了婴儿

看到小男孩儿慢慢地长大，慢慢地懂事，慢慢地对写作文越来越有兴趣，我感到无限欣慰。

小男孩儿倚在我的身上，我轻轻地对他说："眼看着你慢慢长大了！"

"说到长大，我正想跟你讨论这个问题呢！"小男孩儿说，"在长大的过程中，父母为我们付出了许多许多。我们周围有很多孩子都缺乏感恩之心，总认为父母的付出是理所当然的，我认为这样不好。"

"真懂事！你是不是又想写一篇文章，借此表达一下自己对父母的感激呀？"

"哈哈！我的心思被你一眼就看穿了。我订的报纸上有一个征文活动，我想写一篇试试。"

"这题材很多人都写过，很难再写出什么新意。"

"是的。我也看过不少类似的文章，意思都差不多，我想写一篇有趣、更有新意的文章。"

"你有什么设想？"

"我想用一种奇幻的形式来表现这个主题，这样能突破大众化的思维。"

"说来我听听。"

"这只是我的一个想法，说出来你可不许笑话我。"

"我怎么可能笑话你呢？我愿意听你的任何想法。"

"我是这样想的：我们都不记得自己小的时候父母为我们付出了多少辛劳，因此，我想设计一个——"小男孩儿停顿了一下，有点儿不好意思了。

"说嘛！没关系的。"

"有一天我的父母突然变成了婴儿，然后需要我负责他们的吃、喝、拉、

撒、睡,还有生病时的照顾,等等。你可以想象我被折腾成了什么样子。我打算通过这种方式来表现父母当年养我的不易。"

"太妙了!你是怎么想到的?"我问道。

"我看过不少动画片。很多片子里的主人公会突然变大或变小,突然回到过去或穿越到未来。于是,我就有了这样的想法。"

"不错!具体的情节你设计好了没有呀?"

"其实,只要有了一个好的创意,情节的设计便不是难题。所有的事情都要你亲自去操办,而且你还要挣钱养家,他们那么小,还不会说话,哭闹的时候,你又找不到原因,你怎么都弄不好他们,那个急呀!你简直无法想象。我都无法想象父母到底怎样才把我们养大的。真的非常不容易呀!"

"现在难得有你这么懂事的孩子了。你的父母一定会为你而感到自豪。这篇文章写好以后一定要读给我听听,我要做你的第一个听众。"

"好的!我回去写了啊!"

爸妈变成了婴儿,我可怎么办呀

一天,我独自在家正在思考问题时,一扇奇怪的门突然出现在我眼前。我还没有反应过来,就被它一下子吸了进去。

"咦?这是哪儿?"我顾不上摔痛的脑袋,开始打量起周围的东西。这是我家!唉,虚惊一场。眼前的一幕却让我惊呆了——床上居然有两个婴儿!他们是谁?我顺手拿起他们旁边的身份证一看,被吓出了一身冷汗,他俩竟然是我的爸爸妈妈!我意识到情况不妙,想从那扇奇怪的门出去,门却不见了!

咋办?我顿时慌了手脚。等我冷静下来,看到这两个如此亲切的婴儿正对着我微笑呢!也罢,我下定决心,就试着当一回全职家长,带一回爸妈!

看看钟表,呀!到午饭时间了。我不会做饭,正当急得团团转的时候,我忽然想起冰箱里有食物,便拿了几块小蛋糕和一瓶牛奶当午餐。这时,"哇——哇——",一阵哭声传来。这哭声把我吓得不轻,我叫苦不迭,却又不敢怠慢,连忙拿起蛋糕去伺候"太上皇""皇太后"。可是当我把蛋糕送到他们嘴边时,他们却哭闹得更凶了,"哇——哇——",他们边哭边把头摇得像拨浪鼓一样。

我无语了,只好用祈求的语气对他们说:"二位老宝贝儿,算我求你们了!你们将就着吃点吧!吃完我给你们买玩具,好不好呀?"他俩一听,不哭不闹地吃了起来。蛋糕吃完了,我又拿来牛奶,对他们说:"老宝贝儿们,把牛奶喝了吧!喝了牛奶体质更强壮哦!"不过他俩似乎听不懂我这句话的意思,又哭闹起来,一边说着我听不懂的语言,一边哭,还打翻了牛奶;牛奶全洒在了床单上,我更急得不知所措了。

突然,我闻到了一股恶臭,原来,爸爸方便了。正当我要呕吐时,妈妈又撒尿了,我被弄得晕头转向。可怜那干净漂亮的床单就这样被糟蹋了!

我强迫自己冷静下来。我先解决两个婴儿的问题,又把床单换下来洗了一遍;刚想休息一下,理智却告诉我还不能休息,我必须哄着这两个婴儿,让他们慢慢入睡。

晚上,在把两个婴儿都哄睡后,我这个转了一整天的陀螺才得以休息。躺在床上,我动都懒得动,浑身不舒服,也不知道到底是哪儿不舒服。

半夜三更,正当我熟睡时,突然一阵哭声传来。凭我的判断,两个婴儿要喝奶了。于是,我赶忙弄好两瓶奶跑过去喂他们。喂完后,我又在一旁哄着他们睡去,我迷迷糊糊地躺在他们旁边就睡着了。

一觉醒来天已大亮,我连忙把两个婴儿叫醒。帮他们穿戴好后,我便准备去挣钱。没有钱是不行的,要不然牛奶、蛋糕没着落。临走前,我把两个婴儿托付给邻居照顾。

走在街上,就连发传单这样的工作都很难找到。跑了好几条大街,我终于找到一家不大的商场,求爷爷告奶奶他们才答应让我去发传单。到了街上,很多人都不要我的传单,更有人对我冷眼相待;直到夕阳西下,传单才发出去三分之一,我仅仅得了 50 元钱的工资。此时,我才知道爸妈挣钱是多么不容易!

回家后,我先把两个婴儿接回来,可他俩一起生病了。我急得火烧眉毛,二话不说,带着他俩带去了医院。打吊针也这么难,护士给他俩扎针时,

他俩都大哭起来,我又是哄又是求,才勉强让他俩安静下来。

一周过去了,我再也受不了了,我感觉自己快要疯了。此时,那道门又出现了,我终于回到了现实中。

虽然带爸妈仅仅一周时间,但我已经体会到了爸妈的艰辛,因为,仅仅带小孩儿就让我几近崩溃!

朋友,我们应该珍惜今天的生活。你们说是不是?

技巧点睛(八)
我们谈一谈审题吧

"今天上课时老师跟我们谈到了作文的审题,我觉得没有听懂,你能和我说说吗?"小男孩儿说。

"我不一定能行,但我愿意试一试。"我说。

"那我先谢谢你啦!"

"可别这么客气。我觉得要从'审题'这两个字出发:在这儿,'审'是审查,意思是详细、周密地思考;'题'是指作文的题目。因此,它的意思很明白,就是仔细地思考作文题目,以保证你的选材和构思都在题目给定的范围内。"

"你这样讲太空洞了,我听不懂。"

"哈哈!没关系!我给你举个例子你就明白了。有这样一个作文题目:品它千遍也不厌倦。这个题目中有哪些暗示呢?第一,'品'即品味、品尝;'千遍也不厌倦'的意思是即使一次次地重复,自己还是那么喜欢。也就是说,你写的文章,你自己一次次品味,品味后会更喜欢,越品味越喜欢。"

"我还是有些不明白。"

"写这篇作文如何让其有创新呢?关键在于'它'的选择。这个'它',可以是吃的、喝的,可以是家乡的特产,可以是一个与自己密切相关的事物;可以是实实在在的东西,也可以是一个虚的东西,比如唐诗宋词、乐曲、歌词等,这些选材都在这个题目的范围内。"

"哦,你这样一说我有点儿明白了。'审题'的意思就是审查题目给定的可供选择的范围,对吧?"

"是的。如果超出这个范围那就偏题了。"

"你的意思是,我们必须在这个范围内活动,对不对?"

"对呀。"

"那这岂不是给我们的写作带上了枷锁。"

"哈哈！可以这么说。命题作文就是要让你带上脚镣、手铐跳舞，而且这个舞还要跳得非常棒才行。"

"这样说来，命题作文其实还挺难的。"

"也不是呀！命题作文是作文训练的一种形式，它的目的是让学生学会更认真、更仔细地思考，不至于下笔千言，离题万里。"

"你这样说很有道理。"小男孩儿说，"我来尝试着分析一个作文题目，你帮我把把关。"

"好的，我非常愿意。"

"比如'期待的眼神'这个题目，我们的选材只能限定在'眼神'上了，不可能再写其他的任何内容了，对不对？"

"是的。"

"而且这个'眼神'里应满含期待。如果说这个眼神里满含愧疚，那就偏题了，对吧？"

"对呀。"

"现在的关键是我们选择'期待的眼神'的主角，对不对？"

"是呀。你准备选谁呢？"

"可以选爸爸、妈妈、爷爷、奶奶、老师、同学等。"

"还有没有其他可选的？"

"还可以选小猫、小狗、小鸡等。"

"还有吗？"

"还可以选野生动物。它们在被人类猎杀时，期待放它们一马的眼神。"

"这个很有新意。"

"还可以是文学作品中自己熟悉的角色的眼神。比如《巴黎圣母院》中卡西莫多的眼神，《老人与海》中圣地亚哥的眼神。"

"这就更有新意了，你肯定能从同学们中脱颖而出。"

"还可以想象未来的人们看我们现代人那期待的眼神。他们希望我们能保护好地球，不要让未来的他们无法生活在这个星球上。"

"哈哈！一般同学很难想到这一块儿。"

"我说的这些都还在题目限定的范围内吧。"

"都没有超越题目限定的范围。"

"看来审题也不是那么难。"小男孩儿高兴地说。

"当然不难。审题实际上就是引导学生注意题目中的关键词、限制性词语,仅此而已。"

"我明白了。以后遇到作文中的困难我还要与你交流。"

"好呀,随时恭候!"我真诚地说道。

思如泉涌篇

这个世界上有一种东西非常神奇，你知道吗

小男孩儿笑眯眯地对我说："你那么博学，我来考考你呗！"

"博学谈不上，说说你考我什么吧！"

"你说世界上有没有这样一种东西，它不管是原来的样子还是变成其他样子，不管是被炒还是被蒸，不管是变成固体还是变成液体，不管是新鲜的还是上了霉臭掉的，人们都喜欢它？"

"怎么可能有这种东西呢？"我说。

"你再想想。"

"没有。以我的视野所及，绝对没有！你说的这种东西也太神奇了吧？"我非常肯定地说。

"真的？再给你一次机会。"

"我不要机会了。你想呀，都上霉臭掉了，人们还喜欢它，怎么可能？"

"哈哈！让我来告诉你吧！这种东西的名字叫黄豆，我们又称它为大豆。这是我刚写出来的一篇作文，我读给你听听。"

神奇的大豆

大家好！我是一粒黄豆，也有人叫我大豆。别看我们只是一粒粒小小的黄豆，可我们家族是豆豆王国里为人类作出贡献最多的！

什么？你们不相信？说我吹牛？哼！那我就给你们说说我们家族的光辉历史吧！

我的爸爸老黄豆在一个阳光明媚的早晨，被人放在箩筐里，随后被倒进豆浆机里，被磨成了豆浆，之后就被一个男子买去喝进了肚子里。我目睹了

这件事发生的全过程,便一个箭步冲上去想踹那个男子一脚,结果却差点被他踩成肉酱。不,不,不是肉酱,应该是豆酱。

说到豆酱,我想起了我妈妈。呜呜呜……她被做成了"黄豆酱",且被装进玻璃罐,放在了"百姓村"超市的货架上。我时常去看望她。她那原本金黄色的漂亮外套已经不见了,她变得肮脏不堪。当然,这肮脏是相对于我们豆子来讲的,人类喜欢用这种酱拌面条吃。我本想尝一尝,可我毕竟是粒豆子,怎么能吃豆子做的酱呢?不过,我听见那个吃黄豆酱拌面的男孩向他的邻居炫耀说:"这种酱拌面最好吃了。入口即化,咸淡正合适,美味可口。你可以想象一下,白白软软的面条,再配上紫红色的黄豆酱,用筷子搅拌一下,看一眼就会让你的口水'飞流直下三千尺'。"这时,我真看见他的邻居流口水了,不过口水流得没有那么长而已。

我的外婆非常荣幸地变成了豆腐脑,被一位中年妇女"呼呼啦啦"地一口吞进了肚子。那豆腐脑很嫩、很白,白得没有一点瑕疵。

我亲爱的外公原本也应该成为豆腐脑的,但他很机灵,跑了。很不幸的是,他阴差阳错地跑进了一堆准备被磨成豆粉的豆子里。他被磨成了淡黄色的豆粉且被装进塑料袋,成了即冲即喝的大豆粉。

我的姑姑们则被做成了豆腐、豆干,她们中的一部分被安置在一个大大的盆里,且被放到阴凉的地方,慢慢的,她们都变色了,成了著名的"臭豆腐",还被贴上标签在超市里出售呢!

在做豆腐之前,人类从热气腾腾的豆浆锅里挑起上面薄薄的东西,然后慢慢晾干,做成一种叫豆皮的美食;如果将这些豆浆倒在一层层的布上慢慢挤压,他们就变成了千张。

我的奶奶、爷爷、姑姑、姑父、姨妈、姨夫、表哥、表姐、表妹和表弟被装在同一个盘子里,成了一盘美味——肉丝炒青豆;如果等我们慢慢老了再放到热锅上炒的话,我们便成了炒黄豆。

现在,一大家子就只剩我这一粒豆子了。我是一粒豆子,应当为人类作出贡献。于是,我毫不犹豫地做出了一个惊"豆"之举——跳进了滚烫的油锅里……

让我们仿写一回吧

"你知道朱自清先生的《春》吗?"小男孩儿问我。

"知道呀!好多人都在我身旁大声朗读过这篇文章,我都能背下来了。"

"这么厉害呀!我终于知道自己佩服你的原因了。"

"哈哈!你为什么问我这个问题呢?"

"我想问你,你觉得这篇文章最大的优点在哪儿?我们可以从中学到什么呢?"

"你那么聪明,而且又刚刚学过这篇文章,你觉得呢?"

"我觉得这篇文章的优点有二:一是它所运用的修辞手法,整篇文章里几乎到处都运用到了修辞手法;一是其中的语言,文中的句子都比较短,这样让人读起来既轻松又舒服。"

"你说得很对。作者对春天的那种喜爱之情在文中也自然而然地流露了出来,这也值得注意。写一个东西,应该在字里行间将对这个东西的感情自然而然地流露出来才好。"

"你提醒得很有道理。我很欣赏文中将春天分为几个方面来写的这种方式,这可以让文章内容条理清楚而不至于杂乱无章。"

"是的,写作文不能胡子眉毛一把抓。"

"嗯。文章后面的那一组排比句很有气势,充分展示了排比的魅力。"

"我也很喜欢。另外,文中那段对雨天傍晚的描写也很有味道。"

"看来你对《春》的研究还是蛮透彻的嘛!你不知道,老师要我们模仿《春》写一篇作文。唉,我还没有想好该写什么呢!"

"老师让你们模仿它的什么呢?"

"老师要求我们模仿它的语言,还有就是其中修辞手法的运用。"

"哈哈！我给你提供个题目，你愿不愿意？"

"太好了！我正不知道该写什么呢！有时候我感觉想一个题目比写一篇作文还要难。"

"你就写'玩'。你们小孩子都喜欢玩，你就将你们玩的内容写出来，这样就会很精彩。"

"好呀！好呀！这真是个好题目。让我想想可以怎么写。可以写的东西有很多，篮球、足球、乒乓球、跳绳、游泳、捉迷藏等等。"

"这么多呀！能有这么多玩的，真好！可惜我只有欣赏的份儿。唉，谁叫我是一棵树呢！"

"这么多玩的我怎么把它们组合在一起呢？"

"按从大到小的顺序？"

"你逗我吧！这有什么大小之分？"

"按方位顺序？"

"行倒是行。只是很多项目都可以在相同的地点玩，按方位顺序写不好区分。"

"那——"

"最好按时间顺序来安排。不同的时间，不同的地点，不同的人可以玩不同的东西，这样就不会显得混乱了。"

"非常好！看来写作文不仅仅要选好素材，还要设计好写作顺序。"

"写作顺序当然重要了。比如冬天的早上，我们所有要穿的衣服都已准备好，这相当于写作文要用的素材，如果不按顺序穿，哈哈，光想想就知道是什么结果了。"

"哈哈！这个比喻真形象！"

"既然是模仿，那我就用朱自清《春》的开头，'盼望着，盼望着，大家都盼望着下课后能跑到教室外面大玩一场。'"

"我看行，因为这本来就是仿写嘛。"

"不跟你聊了，我要回去开始创作了。"说着，小男孩儿背起书包，跟我做了个"拜拜"的动作。

玩

盼望着,盼望着,下课铃响了,终于到我们玩耍的时间了。

就像一只只饥饿难耐的小兽发现了新鲜的食物一样,我们的身子动起来了,胳膊甩起来了,腿迈开来了,汗水也流出来了。

溜几趟旱冰,拍一会儿篮球,跳几次绳,捉几回迷藏……爱玩的我们,正在游戏的身影校园里到处都是。

篮球、足球、乒乓球、羽毛球……它们看见我们,也像见了亲人一样,一个个满面笑容地往我们身边靠。你不让我,我不让你,都想跟我们玩一场。我呢,手已经痒痒很久了,自然不能厚此薄彼,跟每一个都来了个亲密接触。等所有的球都被我玩了一遍之后,我的心中涌出两个字——高兴!

在放学路上,我自然也不会忘记玩。看到街边有人下象棋,我便走不动路了,硬是站在那儿看,任妈妈怎么拉也拉不走。这样长期看的结果是,我现在已是学校棋坛高手,棋艺超群!

回到家里,我还没有忘记玩。我这次玩的是二胡。我从七岁开始学习二胡,现在它已经是我形影不离的好伙伴了。我一进家门就看到它正含情脉脉地注视着我,如果不玩一下,怎对得起它呢?

接着,电脑就开始陪我了。赛尔号、CS、拳皇,都引诱我和它们玩一场,害得我在电脑前一坐就是好长时间。我当然不能把它们全玩一遍,因为我知道,电脑是用来开发智力的,我要利用电脑获得更多新知识。

我爱玩,而且我爱玩是有理由的。玩可以开发智力,可以增进同学间的友谊,可以锻炼身体,可以让我放松心情,解除疲劳……

这么多理由,还不足以让你我心服口服全身心放松地玩一场吗?

聊出好作文
Liaochu haozuowen
思如泉涌篇

有关唐诗宋词赏析的作文

"老师说我们已经学习了大量的唐诗宋词,要求我们写一篇品味唐诗宋词中美的作文。我感觉这个作文很难写。"小男孩儿对我说。

"你在开玩笑?你都写那么多作文了,这对你来说还不是小菜一碟!"

"不是的!我不太明白'品味'的意思。学习诗词时我们老师是给我们解释诗词的意思,'品味'好像不只是解释诗词的意思。"

"你的感觉是正确的。品味,是感受,是领悟,是欣赏,是读诗词时你自己内心产生的独特感受,即这些诗词使你想到什么、体悟到什么。"

"我有点儿明白了。这样的话,我应该选一些有意境、有情调、有韵味的诗词来作为我作文的素材。"

"非常好。选好了素材,下一步你准备怎样设计呢?"

"既然是品味诗词,我想设计一个美的意境,这样更利于调动情感,你说对吧?"

"有道理。"

"而且我准备选择几组诗词,从不同的诗词中品味出不同的含义。这样会使文章的内容更丰富,否则,只写某一个方面会让文章显得单薄。"

"你考虑得很周全,而且几个方面组合在一起写更容易形成一种气势,更容易让人在读你的作文时会自然而然地体味到诗词的美。不错!"

品味唐诗宋词

阳光大片大片地倾泻在我的书柜上。此时的我,轻轻地打开了书柜的门,双眼仔细地在一排排书架上寻找。最后,我的目光定格在那本米黄色书皮的书上。我小心翼翼地把它抽出,拂去其表面的灰尘,封面上印着几个楷体大字"唐诗宋词"。

泡一杯清茶,揽一缕清风,翻开那略泛黄的书页,我仿佛看见那些唐宋时期的文人正缓缓地向我走来,他们一袭古装,姿态万千。我深吸一口气,鼻腔中溢满了纸与油墨的清香。每一首诗词的背后都有一个故事,每一个故事又化作一首小诗,等待着我去细细品味。

"雨里鸡鸣一两家,竹溪村路板桥斜。妇姑相唤浴蚕去,闲看中庭栀子花。"我闭上双眼,静静地在心里诵读着。隐约中,一阵栀子花香和着雨水的甘甜和泥土的清香扑面而来。我似乎置身于农家小院,远远地有几座小屋,错落有致,雨正淅淅沥沥地下着,耳畔传来妇姑清脆的笑声。一抬头,我发现满树的栀子花开得正盛,雪白的花儿小巧玲珑,那来自墨绿色叶子中的幽香,醉得人不能自已。"双凤小,玉钗斜。芙蓉衫子藕花纱。戴一枝,薔卜花。"读着这词,我微微一笑,不知是花儿姣好还是人儿姣好。

小屋,栀子花。我细细品味,发现唐诗宋词里散发着栀子花般纯净的味道。

"划船载酒西湖好,急管繁弦,玉盏催传,稳泛平波任醉眠。行云却在行舟下,空水澄鲜,俯仰留连,疑是湖中别有天。"我倚在书架上读着,嘴中弥漫着那醇香的味道,久久不散;耳边是酒杯相碰的声响和词人与友人的豪爽笑声。我就这样闭着眼,任凭思绪飘飘荡荡,静静地感受西湖的美好。酒自古就是文人的最好。李白那"人生得意须尽欢,莫使金樽空对月"的痛饮狂欢,我们从中可以品出他的豪情与洒脱;范仲淹那"浊酒一杯家万里,燕然未勒归无计"的长叹,我们从中可以体会到他那思乡之情与报国之心的矛盾与纠结……

酒,西湖,家乡。我细细品味,发现唐诗宋词里飘散着陈年老酒的味道。

"劝君莫惜金缕衣,劝君惜取少年时。花开堪折直须折,莫待无花空折枝。"一首《金缕衣》,唱出荣华富贵,也唱透时间的无情。时间如流水般易逝,多少人走在人生路上,一不小心便错过了那最美的青春年华,即使拥有再多的荣华富贵,最后也只沦为一块石碑。我慢慢读着,细细品味,心头萦绕着淡淡的忧愁。诗人在告诫人们:抓住那易逝的年华,才算是没有虚度时光。

　　金缕衣,花,时光。我细细品味,发现唐诗宋词中散发着时光那美好而易逝的味道。

　　唐诗宋词带给我的是自然的美的享受。时光一轮又一轮,唐诗宋词却从没被人遗忘。在我心中,唐诗宋词永远是一片纯净的圣土,它需要我们用心去品味。

　　唐诗叹秋风渐起,宋词惜黄花雨下。我愿用一生去品味唐诗宋词。

关于母亲节的作文

"母亲节快要到了,老师要求我们做一件能让妈妈感到很温暖的事,并且要将做这件事的过程写成一篇文章。"小男孩儿说。

"你们老师将爱的教育融入到写作之中,这是一个很好的主意。"我说。

"问题是我知道自己爱妈妈,却没有做过什么能让妈妈感到温暖的事啊!"

"以前的母亲节你是怎样做的?"

"做感恩卡片、送小礼物等。可那些事都太平常了,写出来没有什么新意,而且会显得很小家子气。"

"这很简单,你现在就回去做呀。"我催促道。

"可我能做什么呢?"

"我有一个好建议,你可以试一下。"

"你说。"小男孩儿兴奋地说。

"回到家后从妈妈的身后将她轻轻地抱住,然后在她的耳边说:'母亲节快乐!妈妈,我爱你!'"

"你——你——"小男孩儿拍着我,变得结结巴巴。

"怎么了?"

"你明知道我做不出来的,这样做好肉麻呀!"

"哦,原来是这回事呀!你可以试一试嘛!更何况从想到做,这个过程本身就是写一篇作文的好素材呀。"

"你说的也是哈!那好吧。"小男孩儿似乎接受了我的建议,"明天我再来向你汇报成果。"

第二天,小男孩儿高高兴兴地来了,还带来了他写的作文。

妈妈，我爱你

老师给我们布置了一项作业，让我们回家对妈妈说一声"我爱你！"这样的作业我还是第一次做，但我挺自信的，只是一句话嘛！很简单的！

我回到家时，妈妈正在厨房做饭，爸爸还没有回来。我走进厨房之后，妈妈看到我进去，就对着我笑了笑，然后边炒菜边和我谈心。谈到有趣的地方时，妈妈将头靠在我的肩上，很开心的样子。可我有些心不在焉，正在盘算着用什么样的姿势拥抱妈妈。我从来没有抱过妈妈，如果突然这么做，妈妈会不会有过激的反应？而且还要说出那三个字，最要命的是要当着妈妈的面说，这叫我怎么张得开口呢？

我深吸一口气，刚准备张开双臂，却听到妈妈说："宝宝，把菜端到客厅去。"一个大好的时机就这样失去了。我该怎么做才好呢？经过激烈的思想斗争，我决定豁出去了。"妈妈。"我关上了厨房门。"什么事？"妈妈正在炒最后一个菜。我从背后轻轻地抱住了妈妈。

"我爱你！"我鼓足勇气说了出来。

"为什么这么说呢？"妈妈用一种不解的眼神看着我。

"因为我爱你，所以我才这样说啊！"我说。

听完我的话，妈妈一脸的幸福，她又问我："你爱妈妈什么呢？"

这我可没有想到。"嗯……嗯……"我嗯了半天，一句话也没有憋出来。

"你爱妈妈给你炒的菜？"

"嗯！嗯！"我点点头。

其实，我爱妈妈的地方有很多很多……

我一直偷偷观察妈妈，她却没有太多的表情。也许妈妈在心里感到很幸福，很甜蜜呢！

以后，我要每天都对妈妈说一句"我爱你"。

技巧点睛(九)
你能和我聊聊立意吗

"我看很多书上都特别强调作文的立意,什么叫立意呀?"小男孩儿见到我就问。

"你可以用我常用的思考问题的方法来解读一下这个词的意义。"我说。

"'立'是确立的意思;'意'是想法、意义的意思。'立意'就是确立一个能让文章成立的意义,对不对?"

"非常棒!你把我几十年积累的功力全学去了呀!"

"哈哈!"小男孩儿高兴地笑了,"我有这么厉害?"

"那是当然。看,你的解释多漂亮呀!立意正是这个意思。立意是能让一篇文章成立的核心要素。有它,文章才能站起来;没有它,文章就会少了筋骨。这就比如同一条街上的两栋房子,为什么一栋游人如织,让人留连忘返,而另一栋默默无闻、门可罗雀呢?这主要在于人们为两栋房子设定的'意义':一栋是名人故居,因而声名远扬,而另一栋只是普通的房子。缺了'意义',自然无法吸引人。"

"我明白了。也就是说,我们一开始就要为文章确定一个好的立意,这样才能让文章升值。只是,如何才能确定文章的立意呢?"

"这就要求你练就对事物有独特认识的本领了。比如'一次春游',一个简单的题目,你可以考虑这样一些立意:可以通过写旅游来赞颂祖国大好山河的美丽,抒发自己对大自然的热爱之情;可以表现旅游过程中大家团结友爱的精神;可以写通过不断战胜旅游过程中的困难来表现积极向上的进取精神……你要做出选择,你的选择会影响材料的取舍;每一个立意都会影响你叙述的重点和角度。所以说立意决定了一篇作文写什么和怎样写。"

"这样讲就有点复杂了。那么,对于我来说,我该怎样来确定作文的立意呢?"

"哈哈!别急!让我慢慢跟你讲。这并没有你想的那么复杂。"

"好的,你开讲吧!"

"作文立意的方法有很多种。比如由表及里法,也就是透过事物的表象来挖掘其深层内涵的一种方法。你读过鲁迅先生的《风筝》,对吧?"

"是的。文章写的是他回忆少年时代对弟弟放风筝进行粗暴干涉的事。"

"你想想,我们一般人写这个题目无非是写一场游戏,写放风筝时的挫折、乐趣等,对吧?而鲁迅呢,他从踩烂弟弟的风筝这个角度认识到这种行为是对弟弟'精神的虐杀'这样一个深刻的问题。这个认识显然比欢乐、笑声要深刻得多。"

"嗯嗯,是的。只是我们肯定达不到这种境界。"

"这没有关系,我们可以采用其他的方法。比如我们可以运用转换视角、以小见大的方法等。别急!对这些方法的掌握并不重要,重要的是你在成长的过程中,要慢慢地使自己的思考更有深度和广度。有很多问题,不是着急就能解决的,它们需要时间。"

"我明白,我当然不急。你站在这儿,几十年都不急,我干嘛要急呢!"小男孩儿说着说着笑了起来,"谢谢你的解释,我开始明白立意的价值了。"

"很好!这对于你来说已经足够了。"我真诚地说。

不拘一格篇

我想吐槽一下学校的课程设置

"唉——"小男孩儿来到我面前,长长地叹了一口气。

"怎么啦?"

"累呀!"

"为什么累呢?"

"你看,学校开设了那么多门课程,而且每一门我们都要学,还要学好,可有的课程我对它一点兴趣都没有,考试要考,非学不可呀。"

"这确实存在弊端。每个学生都有自己的个性,都有自己的爱好,怎么能一刀切呢!"

"学累死了。有的时候我感觉我们这些学生就像工厂流水线上的产品,到最后我们都被整成了一个样子。"

"哈哈!你的这个比喻倒是蛮形象的哦!"

"我真想写篇作文批判一下这种状况。"

"好呀!看来写作应该是你最喜欢的课程喽。"

"这都得益于你呀!因为有你的帮助,所以我的写作水平才得到一步步的提升。"

"哈哈!你越来越会讲话了。"

"但是如果我在作文中对此进行过直白的批判,估计老师会批评我的,我得想个法子。"

"有道理,而且太直白了也没有什么味道。"

"是的,所以,如果写的话,这篇作文的主角最好不是人。"

"你这话听着怎么有点儿别扭呢!"

"别笑话我。我的意思是说,我可以编一个故事,并安排一些小动物做故事的主角。你看,很多童话故事的主人公都是小动物,而实际上这些故事是在借小动物来讽刺现实生活中的某一类人,对不对?"

"对呀。这样的设计会很吸引人。你真聪明!"

"不想学的,不能学的,学不会的,却要小动物们非学不可!"

"哈哈!那可有趣了!比如,兔子不想学游泳,却一定要它学。"

"对,我就是这个意思。乌龟不想学爬树,却非要让它学爬树不可;鱼儿不能学飞,却非要它学飞不可。"

"哈哈!这个想法真奇妙,写出来一定非常有趣,肯定能让读者在笑声中体会到一种讽刺的力量。你真棒!"

"嘿嘿!我只是想表达一下自己的想法而已。"

"有自己的想法很重要。这个想法会成为你作文的中心;你既然已经确定让小动物做故事的主角,那这篇作文就基本上完成了。真好!我等着听你给我读你的精彩作品。"

"好的,写好后我来读给你听。"

一所独一无二的动物学校

动物学校在鞭炮声和掌声中隆重开学了。这是一所神秘的且被寄予了厚望的学校,是动物界为了跟上时代的步伐而专门创办的贵族学校。这所学校开设的课程都很实用:赛跑、爬树、游泳、飞行……意在培养全能型、复合型的动物。

动物界的家长们都望子成龙,望女成凤,很多父母都给自己的孩子报了名。到目前为止,这所学校的招生名额已爆满。

为了提高知名度,学校专门聘请了一批非常优秀的老师,他们一个个大名鼎鼎,名字如雷贯耳:教赛跑的是飞毛腿猎豹老师,教爬树的是机灵无比的猴子老师,教游泳的是聪明的海豚教师,教飞行的是严厉的老鹰老师。

赛跑课上笑料百出。由于动物们习性不同,所以他们跑步的速度有天壤之别。有的动物已经到了终点,有的却还在起点。最有意思的还是乌龟和兔子这对冤家。发令枪一响兔子就拼命地往前跑。它吸取前辈的教训,

不敢轻视对手而睡觉,可跑着跑着它就觉得不对劲了,回头一看,大家正在为乌龟庆祝胜利呢!原来呀,兔子把方向给弄反了。

敏捷的猴子老师正在认真教大家爬树。大象只上去试了一下,那小树的生命就被大象"咔嚓"一声给终结了;猴子老师火冒三丈,气势汹汹地对大象说:"你、你、你必须减肥,另外,交一万字的检讨来!"大象泪流满面地说:"胖是我的错吗?我这是天生的。为什么?为什么……"

游泳课根本没法上。老师光是救溺水的动物就忙不过来了。不过,学生中也有比较有天分的,比如青蛙就很厉害,他游泳的方式还被人类采用,叫作"蛙泳"。小狗虽然没有什么天分,但他学得很认真,不久便学会了游泳,还创造了"狗刨"式这一游泳方式呢!可小鸡就惨了,他弄得浑身湿透不说,还被老师罚站。

老鹰老师教大家飞行时,结果更惨:很多动物都摔成了残废,更有甚者被摔成了肉饼,场面惨不忍睹。后来,有不少学生干脆逃走了。老鹰老师气得不行,从空中一头栽了下来。

光阴似箭,一转眼就到期末了。动物学校除了兔子和乌龟,其他学生都请假在家养伤。第一项考核赛跑,发令枪一响,兔子在确认了方向后拼命地跑,到终点时,他发现乌龟早就到了,兔子很纳闷:"乌龟同学,你怎么跑这么快?""这都什么时代了,还跑,你傻不傻呀?我坐出租车来的。"乌龟的一番话让兔子当场吐血晕倒。

从此以后,学校再也没有收到学生。这所独一无二的学校也就此关门了。

这所学校办学失败让动物们明白了一个道理:尺有所短,寸有所长,重要的是要发挥自己的长处,而不是盲目地去弥补自己的短处。

如果有了克隆人，会怎么样呢

"今天在课堂上，我们讨论了有关克隆人的问题，真有意思！"

"这么开心，一定有什么奇妙的发现吧？"

"不是的。我们讨论的是，如果克隆出一个跟自己完全一样的人，也叫我们的名字，也叫我们的爸妈为爸妈，那会是一种什么样的感觉。"

"哈哈！你们的想象真奇妙！"

"不是我们的想象奇妙，而是今天的科学技术发展快，在不久的将来这很有可能会成为现实。"

"我听说联合国好像通过了什么决议，不允许克隆人呢！"

"那就太好了！我还在担心呢！万一真有一个跟我一样的克隆人出现，那会带来许多不可预料的结果。"

"你可以畅想一下，如果真的有一个跟你一样的克隆人，会产生哪些影响。"

"我们当时都讨论过了，大家说得一身劲。"

"给我分享一下吧。"

"要是真有和我们自己一样的克隆人，我们可以让他们代替我们去上学，帮我们去做我们自己不愿意做的事情。"

"哈哈！真有趣！还有吗？"

"能给我们减轻负担，也会给我们带来麻烦。你想，过春节时领长辈给的红包，如果克隆人帮我领了，我可就没有了。"

"哈哈……"

"另外，假如他去干了坏事，也会赖在我身上呢！"

"你说的也是哈！"

"还有更可怕的呢!我都不敢往下想了。"

"能有多可怕"

"你想,他哪天要是不高兴了,或许把我杀人灭口了,也不会有人知道呀!"

"怎么会没人知道呢?"

"克隆人跟我长得一模一样,谁会知道我已经不在人世间了呢?"

"这样想想,还真挺可怕呢!"

"我准备将我担心的这些写进作文中,以告诫大家,真的不能克隆人,否则这个世界就乱套了。"

"相信会有很多人都赞同你的建议。"

"那再见了,我现在就回去写。"

克隆人,让我欢喜让我忧

今天,我遇到了一件很离奇的事。一位身材高挑、长相美丽、温柔婉约的小姐发了一张宣传单给我,其内容如下:不想上学,不想写作业,却又不会被老师批评,这样的好事如何做到?快来克隆工厂吧!我们将会克隆出一个与你完全一样的人,这样你就可以彻底解放了!如果你心动了,就赶快行动吧!

看完宣传单,我心动了。如果这是真的,那我不就可以彻底解放了吗?于是,我按照宣传单上的地址找到了这家公司。我惊奇地发现,这里已经有很多人在排队等候了。看来,怕做作业的不止我一个人。等了好长时间,终于轮到我了。

当一个跟我完全一样的"我"站在面前时,我被吓了一跳,还以为自己的面前放了一面镜子呢!他跟我长得太像了,连声音都一模一样。我不由地感慨:世界真奇妙,不怕做不到,就怕想不到。

有了克隆人以后,我的生活就完全变了。一次,我俩一前一后走在大街上,我头往左,他头往右,迎面走过来的人被吓坏了,转身拔腿就跑:他一定以为我长了两个脑袋!

新的一周开始了,我对克隆人说:"今天我不想去上学了,你去吧!"克隆人乖乖地去了,我高兴得一蹦三尺高。看着克隆人背着书包走了,我溜到楼上,边嗑瓜子边玩电脑,开心死了!我从来没有这么轻松过。几天下来,我心里有些空落落的,我对克隆人说:"今天我去上学,你在家里吧!"到了学校我发现,老师讲的内容我已经听不懂了!完了!谁知老师正好提问我,我只好低下头,接受老师的严厉批评。看来,学习这件事虽然辛苦,但还是要亲力亲为啊!

妈妈为我做好了早餐,我出来准备享用时,发现餐桌上什么都没有,我问妈妈:"早餐呢?"妈妈惊讶地说:"你不是刚刚吃完吗?"我摸摸自己的脑袋,突然反应过来,这肯定是克隆人干的。没办法,我只好饿一顿了。

我走在大街上,我的好朋友突然跟我打招呼,并说:"别忘了明天晚上的派对。"他的话让我一头雾水,我连忙问:"什么派对?"朋友很耐心地说:"明天晚上的派对啊!你忘了?"我又问:"在哪里?"朋友笑着说:"我看你一定是失忆了。不是说好在你家吗?"我大吃一惊,连忙拒绝。朋友听后,气呼呼地走了。回到家看到克隆人正在悠闲地看电视,我气得火冒三丈,可又拿他没办法。

这个克隆人可真让我受不了了,谁能把他带走?我先谢谢你!

换一个角度写我家

"你说我们老师怪不怪?"小男孩儿对我说。

"怎么啦?"

"老师要求我们写写自己的家,但又提出了一个很奇怪的要求,说要挑战一下我们的思维。"

"什么要求?"

"不准写看到的。"

"你别说,还真有点儿奇特呢!不写看到的,那写什么?"

"只能写闻到的、听到的、摸到的、尝到的。"

"真有趣!果然是一个很大胆的想法,你想好了没有?说来听听。"

"没有呢!我想写闻到的,可有哪些可写呢?饭的香味,菜的香味……"

"还有……"

"还有……,让我想想,妈妈身上的油烟味,爸爸身上的烟味,家里养的花的香味。"

"还有你家养的小宠物身上的气味,衣服上阳光的味道。"

"可这些素材似乎不够写一篇作文,而且气味很难分辨,不是我的鼻子分辨不出这些气味,而是我没有那么多可以用来表现这些气味的词汇。"

"说得有道理。理解。"

"摸到的、尝到的、就更难写了。"

"那你的意思是你要写听到的?"

"我正在收集素材呢,看收集的素材够不够写一篇作文。"

"说给我听听,或许我能帮帮你呢!"

"天一亮,家里就有声音了。先是爸爸起床的声音,妈妈烧早饭的声音,我刷牙的声音、我们仨吃早饭的声音;然后是关门声,爸爸送我上学发动摩托车的声音;晚上妈妈拖地的声音、洗衣服的声音;深夜爸爸的鼾声……"

"哈哈!这么多声音!这完全可以构成一篇漂亮的作文,看来你挑战成功了。"

"关键是我不知道该用个什么样的题目。正头疼呢!"

"我给你一个题目。早年有一部电影非常有名,叫《锅碗瓢盆交响曲》,你就给你的作文起名'我家的交响曲'吧!"

"'交响曲'太大了,要很多人参与呢!我家就三口人,不太适合。"

"说得也是。"

"叫'小小家庭音乐会'吧!音乐会可大可小,一个人也能开音乐会,对不对?"

"真聪明!这是一个好题目。你脑子咋转得这么快呢?"

"哈哈!"小男孩儿满脸笑容,"你说我该怎样设计这篇作文呢?"

"你一定心里有数了,对不对?"

"我想,这样的文章还是以时间顺序来写会比较好,这样不至于混乱。"

"有道理。你给这篇作文起名叫'音乐会',其本身就暗含了从开始到结束的过程。所以,你的安排很符合实际。"

"我想将这个'音乐会'分成三章:开始、高潮、结束。怎么样?"

"非常棒!"

"哈哈!那我回去写了啊!"

我家的小小音乐会

很多人都喜欢歌星们开的个人演唱会,而我更喜欢我家的小小音乐会。不信?你听,我家的音乐会开始了!

开幕篇

全家人共同"演奏"《清晨进行曲》。

老爸最先开始"演奏",他从床上一骨碌爬起来,发出"嘎吱嘎吱"声;接着是老妈在厨房里倒水,发出"哗啦哗啦"声;然后是我刷牙漱口时发出的

"咕噜咕噜"声;最后是我们仨一起出门时发出的"砰"的一声的关门乐和"嗒嗒嗒"的脚步乐,这段音乐渐行渐远,直至消失在远方。《清晨进行曲》到此结束,大家各自奔向自己的岗位,开始一天的生活。

高潮篇

全家人共同演奏《中午协奏曲》。

老妈择菜的"乐声"微弱,时有时无。洗菜时,水流在老妈的一双巧手的支配下,与各种菜亲密接触,发出悦耳的乐声。在老妈熟练的操作下,菜刀与砧板一起演奏了一曲"嚓嚓嚓"小调。那声音,速度快,节奏感强,清脆悦耳。随着抽油烟机"呼呼"响起,在老妈的"指挥棒"——锅铲的统一指挥下,铁锅、油、菜等发出"呼啦呼啦""嗞嗞嗞""哗哗哗"声。这可真是人间仙乐啊!各位有所不知,这音乐的最美妙之处在于它散发出的香味;那香味能激起我的饥饿感,让我胃液翻滚,让我奋不顾身地投入到厨房中,然后可怜巴巴地说:"老妈,我饿了。"世界上还有什么音乐能有如此大的魅力呢?

最后是我和老爸老妈"吧唧吧唧"的吃饭声……

享受完家庭音乐会的高潮部分后,我们个个满面红光,心满意足。

闭幕篇

由全家人和小闹钟共同演奏新版《小夜曲》。

晚上,我首先上场"演奏"写作业的"沙沙"声。小闹钟的"滴答滴答"声是背景乐,伴奏乐是老爸敲击键盘的"啪嗒啪嗒"声,高音部分来自妈妈在厨房刷碗时水流的"哗哗"声……当你听到高低起伏、连续不断的"呼——呼——呼——"声传来的时候,这场音乐会已经进入尾声,那是我老爸进入梦乡后的鼾声。

怎么样?我家的小小音乐会不错吧?相信只要稍作留心,你也会发现,你家每天也都在上演着这样的音乐会。只要用心去听,这样的音乐会让你感受到生活的美好,因为我们用的是最自然的"乐器",我们是用心在演奏!

假如地球没有了引力

"问你一个问题。"小男孩儿一见到我就说。

"好啊!"

"假如地球没有了吸引力,这个世界会怎么样?"

"哈哈!能怎么样?那还不乱了套。你怎么会有这样奇怪的想法呢?"

"是老师给我们布置了这个作文题。"

"哈哈!你是想让我帮你,对不对?"

"谁要你帮。我自己都想好了。"

"说来听听。"

"假如地球没有了吸引力,你就不会站在这儿,而是飞上天了,就可以想飞到哪儿就飞到哪儿了。"

"哈哈!太棒了!"

"这当然棒,但问题也随之而来了。"

"什么问题?"

"你再也回不来了。"

"为什么?"

"你想呀,你回来的动力在哪儿呢?你怎么回来?"

"说的还真是呢!"

"这还不算什么,还有更麻烦的问题呢!"

"真的?"

"想想看,假如地球没有了吸引力,我们怎么走路;还有水,我们倒出去的水,都会浮在半空中,而不是落到地上。"

"太可怕了!"

"还有更可怕的呢!什么东西都没有重量了,我们人类无法建设高大的楼房了,没有行驶的轿车了,没有河流了……这个世界将会乱作一团。"

"你说的还真是呢!看来,地球还真的不能没有引力呀!"

"对呀!我们从来没有关注过的东西,原来竟是这么的重要。"

"这篇作文写起来会很有意思。"

"是呀!只要将我们刚才讨论的内容组合起来,就自然能成为一篇文章了。"

假如地球没有了引力

早晨醒来,我伸了个懒腰,睁眼一看,哇!我居然飘了起来。难道我练成了失传已久的飘浮术?不对,这种可能性几乎为零。我拉开窗帘,啊呀!外面的人也全在半空中飘着。坏了,一定是出什么事了!我用力往前飘,打开门一看,妈妈做的早点,倒的水,也全飘浮着;家里的其他东西也都跃跃欲试,想飘起来。

我坐下来,让自己运用所学过的知识,想一想到底出了什么事。我终于想明白了:一定是地球没有引力了。如果真是这样,那可真是太好了!我终于可以实现自己梦寐以求的遨游太空的梦想了。于是,我打开阳台上的门,双手用力一推墙就飘了出去。真是太惬意了!当然,我是有文化的人,我在飘出去之前,已经准备好了一根绳子,并将绳子的一头固定在了我家的阳台上。

没过多久,我就发现这一点儿都不好玩了。当我吃面包的时候,想把面包放进嘴巴里变成了一件很困难的事,因为面包还没有到嘴边就飘走了。这可怎么办?我只能用手将面包撕成一小块一小块地放到嘴里,而且只能闭着嘴慢慢嚼,这样才能保证它不飘走。

吃完饭,我要去上学了。可我怎么去呀?这样飘来飘去,我已经辨不清东西南北了,我的学校在哪个方位呢?更重要的是,我原来是坐公交车去上学的,现在公交车在哪儿呢?别说公交车了,公交车站呢?它们一定也在空中飘着了吧?

我正在窗台发愣,忽然听到有人喊我的名字。我一看,是我的同学,我正准备跟他打招呼呢,他却已经飘得不见踪影了。

唉,这可怎么办呢?

技巧点睛(十)
跟我谈谈作文的构思吧

"老师说作文的构思非常重要,但什么是构思呀?"

"哈哈!你知道我思考问题的方式,我都是从解读词义开始的。'构'是构造,组合的意思,'思'自然是思考的意思。作文的构思,就是对一篇作文的构造、组合的思考。"

"不太明白。"

"很简单呀!也就是你已经有素材了,构思要解决的就是以什么样的形式将这个素材呈现给读者的问题。"

"你这样讲我有点儿明白了。比方说,你有一块布,这是个素材,构思就是想把这布料做成一件什么样式、什么风格的衣服的问题。"

"就是这个意思。不仅仅是要做成一件衣服,还要做成一件上档次的衣服,而且要尽可能是新款,最好是别人没有见过的款式,那才叫棒呢!"

"怎样才能达到这个目标呢?"

"这需要你见多识广。只有见得多了,你才有可能设计出新颖别致的东西。"

"哈哈!这就好比我揉好了一团面,但我要做成什么样的面食才能吸引顾客呢?首先我应该了解从南到北、从小吃店到五星级大酒店都有哪些经典的面食;然后我再吸取各家的长处,设计出一款精美的面食。"

"你这个比喻特别棒!就是这样,否则,你认为精彩的设计,可能别人早就用过了。"

"那作文的构思如何才能精彩呢?"

"你这么聪明,应该能悟出来的。"

"我应该多读、多了解、多研究各种作品,分析它们各自构思的妙处,对吧?"

"非常正确。构思就是在没有动手写作之前,先对整个作品有一个整体

的考虑：我作文的核心内容在哪儿、亮点在哪儿，其如何吸引读者，其段落之间如何衔接等等。写第一句话时就要想到后面应有多少处予以照应，就要想到最后该如何收尾。"

"这样说来，构思在写作过程中是非常重要的了？"小男孩儿问。

"那是肯定的。构思就是为作文搭框架，就像现在建楼房要先建好框架再进行填装一样；一旦框架出了问题，后面的工作就不能顺利进行了。"

"这么说我们应该特别重视作文的构思。"

"是呀！实际上我们每一次交流，都会谈到构思。"

"对。这是个老问题，不是新问题。"

"是这样的。当然，一个素材，你也可以尝试着采用不同的构思，通过比较来发现哪一种设计可能会更精彩。就比如一条丝巾，在不同的女士那儿，它可以被围在脖子上，可以被披在肩上，可以系在腰上等等。一条丝巾有几十种围法，但目的只有一个，就是让人更漂亮。"

"哈哈！大树先生，你的观察有点儿太细了！"

"哈哈！"我也笑了起来，"从我身边走过的人太多了，我见过的丝巾的围法也太多了，所以我举了这个例子。"

匠心独运篇

体验读书的乐趣

"这么多年来,我读了不少的书,这你是知道的。"小男孩儿对我说。

"你是一个非常努力的孩子。你确实读了很多的书,我非常欣赏你对读书的热情。"

"谢谢你的肯定。我在想,我读了这么多书,书给我带来了什么呢?"

"读书,从严格意义上讲,它不是一种世俗的行为。读书是与世界上各个时代的名家进行的一种精神上的沟通和交流,能提升你的精神境界,丰富你的心灵。"

"这个我自然明白。只是我是一个学生,要说我读书一点点世俗的味道都没有,那是很难的,毕竟我要先参加各种形式的考试,才能一步步地被他人承认,你说是吧?"

"你这样讲也有道理,大家不是生活在真空中,有些世俗的东西还是要关注的。"

"谢谢你的理解。我打算整理一下我读书的收获。"

"很好。定期整理读书的收获,有利于你进一步的提升和发展。我觉得读书让你变得更加清秀、更有气质了。"

"使坏了吧,你。你明明知道我不是这个意思。"

"哈哈!逗你玩呢!读书让你在每个方面的变化都很大。"

"具体说说呗!"

"还是你自己说吧!你自己最清楚了。"

"看看,一到关键时候,你就踢皮球。"

"哈哈……"

"我觉得我应该给自己读过的书分分类,并分析一下自己读各类书的收获。比如读人物传记、小说、散文、诗歌等,自己具体的收获分别是什么。你看怎么样?"

"你也可以写写自己读某一本书的收获,或者读书的总体收获。"

"好的,谢谢你提供的建议。我再想想,过两天把这篇作文写出来。"

"这不是老师布置的作业吗?"

"不是呀!是我自己想写的。"

"太棒了!能自愿写文,实在太难得了!"

"我只是在想,即使再忙,我也不能放弃写作。它已经成为我生活的一部分了。"

体验读书的乐趣

读书是快乐的。这是我亲身体验到的。

放眼望去,前方的道路上,充满了荆棘与坎坷。何去何从,我全然不知,心中一片茫然。夜莺在低吟,夏虫在呓语,孤独从四面八方向我袭来。当我回忆起这段黑暗的日子时,我是多么感谢书对我的拯救啊!书,伴我走过了那段艰难的日子;书,伴我走出了孤独;书,提升了我生活的品位。

读史使人明智。中华五千年文明源远流长,古人留下了无数著作,那是文明的见证,是历史的见证。读《诗经》,我知道了文明的历程原是如此沧桑;读《大学》,我知道了"大学之道,在明明德";读《离骚》,我知道了"路漫漫其修远兮,吾将上下而求索";读《中庸》,我知道了古人对"适事"的理解,孔孟之道,了然我胸。读史,让我在沉静中深刻,在孤独中充实。我体验到了快乐,我为读这样的史书而快乐,因为它让我"正"了衣冠。

读剧本和小说让人沉思。读莎士比亚的《罗蜜欧与朱丽叶》,我为那凄美的爱情而伤神许久;读《安娜·卡列林娜》,我为小说中人物的命运而叹息。小说和剧本,让我浮想联翩。读剧本和小说,我体验到了快乐,它们振奋了我的精神,激励我执着地在自己选择的路上走下去;它让我在物欲横流的今天,在精神上得到了重生。

读诗使人拥有非凡的气质。一个民族的文明,总是以诗歌开头的。中

华民族,在漫长的五千年历史中,创作了大批传世之作,让人叹为观止。读诗是快乐的,"会当凌绝顶、一览众山小"是登高之乐;"种豆南山下,草盛豆苗稀"是耕田之乐;"长风破浪会有时,直挂云帆济沧海"是潇洒之乐;"葡萄美酒夜光杯,欲饮琵琶马上催"是畅饮之乐;"在天愿作比翼鸟,在地愿为连理枝"是爱情之乐。还有《再别康桥》的忧伤、《雨巷》中丁香般的姑娘,更让人神往……读诗让我快乐着,诗也造就我非凡的气质。气质,不仅是环境造就的,更是文学浸染出的。

读书是快乐的。思路在阅读中拓展,理想在阅读中实现,性情在阅读中陶冶,梦想在阅读中放飞……

你看，你看，这是我堆的雪人

"今天不是周末，你怎么不去上学呀？"看到小男孩儿在我身旁快乐地玩耍，我很惊讶地问道。

"哈哈！你不知道吧？我们放假了！"小男孩儿说。

"这时候怎么会放假呢？"

"这么大的雪，所有的学校都放假了呀！"小男孩儿边说，边指着自己堆的雪人问我，"你看我堆的雪人怎么样？"

"你要我说真话还是说假话？"

"当然是真话了。"

"说真话，你堆得不怎么样。"我说。

"我自己也觉得不怎么样。"小男孩儿说，"你是不知道，我刚才走在路上，看到了很多雪人，忍不住手痒，就堆了一个。"

"你都看到了什么样的雪人？描述给我听听呗！"我说，"可惜，我只是一棵树，没有办法离开这儿去欣赏。"

"你可别说了！"小男孩儿说，"我刚一出门，就被吓了一跳，不知是谁的创意，在雪地上设计了一个骷髅雪人。"

"骷髅雪人？怎样设计的？"

"利用下水道的盖子设计的。那下水道盖子上的一条条钢筋，被当作了骷髅雪人的肋骨，骷髅雪人的脸被设计得更吓人，阴森恐怖，它的笑让人不寒而栗。"

"哈哈！你身上出汗了没有呀？"

"岂止是出汗，简直被吓破了胆，我的小心脏都快受不了了。"

"能堆出这个效果，看来堆雪人的这个人的水平蛮高的嘛！"

"你净说风凉话!"

"哈哈!还有吗?"

"可多了,一路上有几十个呢!那个观音雪人堆得最丑,让我哭笑不得,估计观音自己要看到的话,也会哭倒在雪人旁;有一个警察雪人堆得最漂亮,远远看上去就跟真警察一样,可有气势了!"

"我要是能去看一眼就好了,这样也就能有机会体验一下你的各种感受。"

"那好我说给你听。那个弥勒佛雪人可神气了,跟我在寺庙里看到的简直没有区别。"小男孩儿喘了一口气,继续说,"它挺着个大肚子,手里拿着一串佛珠,最让我佩服的是弥勒佛脸上的笑容,惟妙惟肖。"

"高手在民间呀!"我感慨道,"能在这么冷的天气里,堆出那么棒的雪人,真了不起!"

"是呀!是呀!"小男孩儿说,"所以我忍不住堆了一个雪人,想试试自己的水平怎样,谁知竟堆成了这样。"

"没有关系的,反正别人也看不到,况且它很快就会消失的。"

"是呀!一想到它们最终都会消失得无影无踪,我就有一种莫名的惆怅感。"

"用你的文字将它们记录下来呀!"

"大树呀,难道你是孙悟空?"

"咋啦?"

"你钻到我肚子里去了?我有一点点想法,你都能知道。"

"哈哈!你擅长用文字写,堆雪人你似乎并不擅长。"

"你说的对。每一个人都有自己的强项,对吧?"

"是呀!这样作文似乎有点儿难写哦!"

"看看我是谁!我是作文高手!"小男孩儿说着,昂起自己的头。我从他的语言和动作中看到了洋溢在他身上的那种自信,我打心眼里为他感到高兴。

"你准备怎么写?"

"怎么写?"小男孩儿似乎很惊讶,"自然而然地写呀!我就从自己被那个骷髅雪人吓了一跳写起,这足以吸引人的眼球。"小男孩儿兴奋地说,"接着,我再写我一路上看到的各种雪人,并对它们进行点评,就像我们刚才谈心那样,作文自然而然地就写出来了。"

"这样写很有道理,是对生活的真实体现。"

"那是。我可以写出一篇像雪一般纯天然的作文。"

小男孩儿说完笑了起来。他似乎有一点儿不好意思了。

"我也是这么想的,我等着你写完读给我听呢!看我能否凭着你的文字,想象到那些雪人的样子。"

"好的,你等着我!"

这雪人,我也是醉了

"啊——啊——"我捂着胸口,安抚着我那颗受到惊吓的小心脏。

"天还没有亮,吵什么吵!"一个大妈从窗口伸出头来,对着外面泼了一盆冷水,愤愤地说道。

这不怪我呀,大妈!不知是谁借助地上下水道的盖子,做了一个躺着的骷髅雪人!雪人那骨骼间的连接、肋骨、头颅,都特别逼真!早晨能见度那么低,我的视力又不好,它吓了我一大跳!我正心有余悸,又看到了它脸上那阴森恐怖的笑容,我一边苦笑,一边佩服那个做雪人的人——太有才了!

一场特大暴雪刚刚袭击了我们这座城市。今天早晨,雪终于停了。我心情舒畅,打算出来走走,结果刚一出来,就遇上了开头的那一幕。

跨过骷髅雪人,我撒丫子跑了起来。忽然,一个庞然大物出现在我的眼前,我气喘吁吁地停了下来。

只见那庞然大物有一个臃肿的身子和一颗硕大的头颅;它的眼睛瞪得大大的,嘴巴大张;胳膊嘛,呵呵,是一截树枝。等等,树枝?哦,是树枝。原来又是一个雪人,我还以为这是个怪物呢!

我对着这个大雪人鞠了一躬,绕过它,继续向前走。我还会遇到什么呢?

接下来这一路上雪人还有很多：有坐在莲花台上的观音菩萨——差点没把我丑哭，菩萨的脸太丑了；有向路人敬礼的警察——一定是个警察堆的，帽子、肩章齐全，创意不错；有叼着烟的小混混——堆得太像了，连烟都是斜叼着的……

让我叹为观止的是那个弥勒佛雪人。它挺着个大肚子，手里拿着一串佛珠。最让我佩服的是弥勒佛脸上的笑容，刻得惟妙惟肖！

看了那么多雪人，我的手也痒了起来。想到就干，我从滚一个小雪球开始，慢慢做成了雪人的身体和头，然后给它打扮起来……看看我的"杰作"：雪人身上灰一块，白一块；它的手无力地下垂着，眼睛一个大一个小，鼻子是用瓶子盖做的，嘴巴好像抽筋似的歪着。

"啧，啧，好丑！"看着自己堆的雪人，我哭笑不得。

关于自然界万物"性格"的思考

"在自然界万物中,你最崇拜哪一个?"小男孩儿问我。

"我干嘛要崇拜别人?我崇拜我自己!"

"说得也是,你身上确实有无数的优点。"小男孩儿说,"你的意思是说,我们没有必要崇拜别人,崇拜自己最有价值,对吧?"

"是呀!自然界中的万物都有自己的优点和缺点,盲目崇拜会让我们失去自信。"

"好,我要向你看齐。"小男孩儿说,"假如,我是说假如让你选一个除你之外的,你会选谁?"

"我会选大地。"

"为什么呢?"

"因为她沉默、包容、奉献……她拥有所有你能想得到的美德!"

"你还会选谁?"

"我选白云,它圣洁、轻盈……"

"还有呢?"

"我选小鸟。你看它们每天开心地唱歌,自由地飞翔,可以想到哪儿就到哪儿,多快乐呀!"

"你猜猜我会选谁?"

"这个还真不好猜。"

"哈哈!我跟你说,老师让我们从自然界万物中任选一种,并探究它身上的美德,我选了你。"

"非常感谢。可是,关于我,你已经写了好几次了,我建议你换一个。"

"那你说,除了你刚才说的,我还可以选谁?"

"火?空气?……"

"我选水。"

"为什么?"

"水——"小男孩儿沉思了一会儿,"水跟大地一样,是万物生长不可或缺的条件,是生命之源,它沉静,不张扬。"

"漂亮!还有吗?"

"别急!让我想想。"小男孩儿思考了一会儿,说,"水无具体的形状,你将它放在一个容器里,它就变成了容器的形状,似乎没有自己的个性;而且它又是无色的,从不主动彰显自己的存在。"

"太棒了!但你知道洪水和海啸吗?"

"你的提醒真及时。它平时没有任何脾气,而一旦发起怒来,可以毁掉一切。"

"你知道一些关于水的成语吗?"

"嗯嗯。"小男孩儿拍了拍自己的脑袋,"我的第一反应是'水滴石穿',这是水的一种非常有价值的特质。我们一旦有了水的这种坚持,就可以无往而不胜。"小男孩儿越说越兴奋,"如果我们将自己培养成具有水一样品格的人,一定会非常受欢迎。你看,它无处不在,却又从不让人感觉到它很重要,只有当你需要它的时候,才会彰显它的价值;以满足不同事物对它的需求,它善于变化——气态、液态、固态……"

"太厉害了!一口气说了什么多。你觉得这样的作文应该怎样写?"

"这样的作文,最重要的其实不是怎样写,而是要将水的"性格"挖掘出来。"

"有道理。其实怎样写是一个较低层次的问题,重要的是你想向读者传达什么信息。"

"你和我想的一样。怎么写不是不重要,而是不能放在第一位,否则,会因只关注外在的形式而忽视了内在的涵义。是吧?"

"是的。当然,你也要适当地考虑一下这篇作文外在的形式。"

"我想用一种最自然的方式入题。这种入题方式,一开始会让读者觉得不怎么样,但慢慢地会让读者感觉到特别,到结尾时会让读者拍掌称赞,说'真好!'"

"看到你思考问题这么成熟,我真为你感到高兴!"

水的性格——王道

水是世界上最重要的物质之一。人需要水,植物需要水,动物需要水……总之,一切生命都离不开水。

水是生命的源泉。只停一天水,你可能就无法忍受了。水又是低调的,"随风潜入夜,润物细无声"便是一个很好的例子。

水是至柔至刚的。你将它放到什么形状的容器里,它就是什么形状的,它柔软到没有筋骨,没有形体的程度。但它又是至刚的,有时它会变得力大无穷。你看,那海啸、那洪水,哪一个不让我们心惊胆战?

水是默默无闻的。水约占我们体重的75%,这些水却被叫作血液;牛奶里有那么多水,却不叫水而叫牛奶;咖啡中也有很多水,它却叫咖啡——水的默默无闻可见一斑。

水是坚持不懈的。在宣城广德太极洞内有一块石头,石头的上有一个小洞,这个小洞不是人工打磨成的,而是由石头上方一个长年滴水的水源滴出来的。一百年、一千年、一万年……石头上终于被"滴"出了小洞。所以,人们把"持之以恒"形象地说成"水滴石穿"。

老子说:"上善若水,水善利万物而不争。"最高尚的品行应如水,水滋润万物,但从不与万物争高下,这样的品行才最接近"道"。所以,我们要用水的善、水的柔、水的刚、水的纯做人生的镜子,时常反观自己,这一定会对我们的人生大有益处。

水有如此丰富的内涵,我们应该静下心来面对它思考我们的人生,相信你会从中收获很多。

寻找父母爱我们的细节

"老师要求我们从生活中发现能体现父母爱我们的细节,并用最细腻的笔法将其描写出来。"

"哈哈!老师为了培养你们对父母的感恩之心,真是煞费苦心呀!"

"你的话我有些不明白。"

"老师为什么要你们这么做?还不是因为很多同学不理解父母对自己的爱,把父母对自己的爱视为理所当然的。"

"你的意思是老师希望通过这样的练习,引导我们去发现、去感受父母对我们的爱?"

"对呀!我想正是如此。"

"我写妈妈帮我洗衣服?"

我摇摇头。

"我写妈妈为我烧饭?"

我又摇摇头。

"我写妈妈给我冲牛奶?"

"这些生活中的细节都很好,但都不够新颖。你再想一想,看看还有没有别人发现不了的。"

"下雨天送伞?"

"写这个的人太多了。"

"上次爸爸妈妈去学校接我放学,我们一起吃圆子时有个细节让我很感动。"

"说出来听听,我给你把把关。"

"我上车后大家都从一个纸袋子里拿圆子吃。后来只剩下四个圆子时,我注意到妈妈从中拣了两个小的,一个给了爸爸,一个给了自己,把两个大的留给了我。那一连串的动作是那么自然。我当时心里特别感动。"

"这确实是一个好细节。我相信这样的事情不止发生过一次,对不对?"

"是呀!每次我们一起吃东西时都是这样,我吃一半,爸爸妈妈分享另一半。"

"你看,虽然这样的细节在生活中时常出现,但很多人都把它忽略了,都没有感受到这点点滴滴的行为中所蕴含的爱意。"

"你这样一讲我明白了。我想,我也应该对父母有所回报,对吧?"

"那就看你的行动了。"我说。

"很多时候,我会把他们分给我的再分给他们,跟他们撒谎说自己吃饱了。"

"非常好!"我说,"这就是爱的回报。这样的行为能让爸妈感受到温暖,感受到自己的付出有了相应的回报;否则,老是一味地付出而没有任何回报,父母会寒心的。"

"那你觉得我该怎么描写这一细节呢?"

"你说呢?"

"哈哈!我就知道你会这么回答我。"小男孩儿说,"我想这篇作文最重要的是用细节感动人。因此,我觉得要按照事情发生的先后顺序来写,在这种看似平静的叙述中,给人一种震撼的效果。"

"这种想法很好。我期待着你的新作品。"

爱的比例

窗外细雨霏霏。望着窗外,我有些心神不宁,经过下午几个小时的"劳苦",我的胃已经开始"引吭高歌"。铃声大作,我如离弦的箭般冲出教室。校门口,爸爸妈妈已在车上等我多时。一阵炸圆子的香味从车内飘出来,我赶紧爬上车,与爸妈瓜分起了那袋油炸圆子。

当胃的疯狂渴求已被满足,我定睛一看,袋子中只剩下四个圆子了。

妈妈似乎没有看到袋子中只有四个圆子。当她将手往袋子里一放时,

不禁愣了几秒;她低头一看,迅速放开了手,并立即把手缩至袋口;她一手抓住塑料袋,一手从中挑出两个小的,把一个抛至自己嘴中,一个送到爸爸嘴中。随后,她若无其事又十分自然地对我说:"这两个是你的了。快吃!马上凉了。"

我愣住了,迟迟没有拿那放在前排座位中间的两个圆子。它们似乎变得格外沉重,重得让年轻的心负担不起;它们又好像是两块磁石,吸引着车里的三个人,将他们的心紧紧地吸在一起。

车前方的挡风玻璃一次又一次变模糊,一次又一次变清晰。前方车灯的灯光,出现了红、白两色鲜明的对比——迷离的光影,让我进入了冥想中:

早饭时,四个鸡蛋,爸一个,妈一个,我两个;

午饭时,四只螃蟹,爸一只,妈一只,我两只;

晚饭时,四个面包,爸一个,妈一个,我两个;

……

到家时,餐桌上有四包饼干,类似的景又一次出现。这似乎是一种习惯,分配时,爸一包,妈一包,我两包。

我有些哽咽,拿起两包饼干,一包给了爸爸,一包给了妈妈,轻声地说:"我吃饱了,你们一人吃两包吧……"爸爸妈妈的脸上先露出诧异的神情,然后露出些许欣慰的神情。我转过身,我能感觉到自己的后背上被投射了无限温情的目光。我知道,他们的目光一定紧紧地跟在我身后,他们拿饼干的手一定在微微颤抖。

坐在书桌前,窗外华灯初上,我的眼前又一次重现了刚才那场景;我含着泪在日记本上写下:"爱的比例,一、一、二"。

技巧点睛(十一)
拟写作提纲有用吗

"今天老师在作文课上说,随着我们年级的不断提升,我们所写的作文的内容应该不断丰富,作文的字数自然也要增多。她要求我们每次写作文前先拟一个写作提纲放在作文的前面。你觉得这对写作真的有帮助吗?"小男孩儿问道。

"你是怎么想的呢?"我问。

"我觉得这有点儿多此一举。"

"你为什么会这样想呢?"

"我在写作文之前把所有问题都已经想清楚了,干嘛还要写这个东西呢?"

"什么叫都想清楚了呢?"

"就是这个作文我准备怎么写呀!"

"有没有可能你并不是真的想清楚了呢?"

"嗯,嗯,有可能。"

"哈哈!发现了没有,你经不住问。原来那么自信,一问忽然就变得不那么自信了,是不是?"我笑着说。

"可是写提纲究竟有什么作用呢?"

"打个比方吧。写作提纲就像我们建大楼前设计好的图纸。建一栋大楼,你总不能说,我想好了,开始建吧!我们一定要先设计好图纸,而且要经过反复地修改才能定稿;然后我们才能根据图纸建大楼;建大楼的过程中可以对定好的设计进行微调,但不能做大的改动,你说是不是这样?"

"是这样的,但写作文要简单得多呀!何必费这个事呢?"

"实际上,我们在写作文的过程中会遇到很多问题,词语、句子、段落、修辞的选择等,都需要我们进行思考。如果我们在写作前拟好了提纲,在写作的过程中就可以集中精力解决其他问题了,这样有利于作文水平的提高。

这样讲你能明白吗?"

"你这样讲我是可以接受的。"

"而且拟写作提纲可以让我们在写作前对整个作文有一个宏观的、全面的考虑,这样有利于我们站在全局的高度看作文,从而关注作文的中心,注意各个段落的衔接、首尾的相互照应等。"

"你这样讲我明白了。"小男孩儿说,"很多时候,我们拿到题目思考一会儿就开始下笔,边写边想,边想边写,有点儿像脚踩西瓜皮,滑到哪里是哪里。有同学写了一半后又撕掉重写,还有的同学将前面写的内容划了、圈了,或者将段落调来换去,卷面让人不忍直视。"

"对呀!你看,这样带来的是什么?是既浪费了时间,又影响了作文的质量,而且还会让人有一种深深的挫败感,进而影响了对写作的信心。写作文前,你们如果有提纲的引导,按提纲来写,就比较容易做到一气呵成。"

"你这样一说让我感到提纲的作用还是蛮大的呢。"小男孩儿说。

"是呀!你也可以依照我以前跟你讲过的方法来更清楚地理解'提纲'这两个词的意思。"

"我来试试。'提'是提起的意思,'纲'是纲领、纲要的意思;'提纲'就是提起纲领性的内容,对不对?"

"非常好!因为是纲领,所以文字不需要太多,简单、明了即可。这样更有利于你发现作文的中心是否明确、点题是否到位等。"

"谢谢你的解释。我明白了。"

乐此不疲篇

写一篇情节跌宕起伏的作文

"你还记得我在你这儿读过的《社戏》吗?"小男孩儿忽然问了我这么一个莫名其妙的问题。

"记得呀!这是鲁迅先生写的,你当时还背诵了其中的片段呢!"

"是的。当时我还感慨先生的文章写得精彩呢!"

"为什么突然问我这个问题?"

"这其中有一个片段,我再读给你听听。"小男孩儿说着便读了起来:

"就在我十一二岁时候的这一年,这日期也看看等到了。不料这一年真可惜,在早上就叫不到船。平桥村只有一只早出晚归的航船是大船,决没有留用的道理。其余的都是小船,不合用;央人到邻村去问,也没有,早都给别人定下了。外祖母很气恼,怪家里的人不早定,絮叨起来。母亲便宽慰伊,说我们鲁镇的戏比小村里的好得多,一年看几回,今天就算了。只有我急得要哭,母亲却竭力的嘱咐我,说万不能装模装样,怕又招外祖母生气,又不准和别人一同去,说是怕外祖母要担心。"

"为什么要给我读这一段啊?"我不解地问。

"我们在赏析这一段的时候发现,迅哥儿在经历了多次小小的挫折后到赵庄看戏的愿望才得以实现。老师说这是妙笔,即使一个小小的愿望,实现起来也不容易。她要我们模仿先生的笔法写一个故事,其中最少要有10次挫折。我的妈呀,这可怎么办?"

"你们老师真厉害!她发现了生活的真谛呀!生活中每一件事的完成都没有那么容易。只是你没有仔细观察、没有感觉到而已。"

"真的?你举个例子。"

"就拿我来说吧!从一粒种子到长成大树,这中间所经历的挫折岂止十次,可能是无数次呢!被土盖,被石头压,被动物的爪子踩,被雨淋,被霜冻,生出了芽儿被鸡吃掉、被水淹、被大风刮断,等等。不说了,说出来都是眼泪啊!"

"我就明白了。看来我对生活关注少了,对生活的看法过分地简单化了。"

"哈哈!你还小,这是很自然的。"

"那你说我写什么好呢?"

"还记得我跟你讲过的'慢镜头'法吗?这样的作文最适合用'慢镜头'法来写。当你用'慢镜头'法进行写作的时候你会发现,即使吃一口饭都会遇到小小的挫折。比如,筷子并不拢,夹菜时没夹上,好不容易夹住了往嘴里送时又掉了,等等。"

"你这样一讲我明白了。那我写借钱,怎么样?"

"行呀!可是这其中的曲折不多,无非是借或者不借而已。"

"我写等车?"

"很好。只是这个可能更多的是心理描写。"

"我想起来了,我来写一个好玩的。"

"说给我听听。"

"我写上午最后一节课时我肚子饿,想弄吃的却没有办法弄到的过程。这我可是有真切的体验的。"

"这其中有多少次波折呢?"

"那太多了。我跟你说,我饿的时候会不自觉地将手伸进桌肚里找吃的,会从其他同学那儿要吃的,会将橡皮当成吃的……太多太多了。"小男孩儿边说边做着动作,把我逗得哈哈大笑。

"这作文写完后一定要读给我听听。"

"好的。"

饿

"坚持,一定要坚持,坚持就是胜利!"我一遍又一遍地对自己说,"唉,饿

煞我也！"虽然今天早饭只喝了碗稀粥，但我哪知道现在会这么饿呀！

"顶住！一定要顶住呀！"肚子却不听使唤地"叽哩咕噜"乱叫起来，就像一堆水泡争先恐后地从池底挤向水面，然后裂开。"真丢人！"我赶紧朝左邻右舍望了望。还好，没人注意，我呼了一口气，却看见老师正警惕地竖起了耳朵，我急忙坐直，装作认真听课的样子。

唉，这该死的"饿魔"让我想到了小吃店里那安安稳稳地躺着的方便面，家中锅里那诱人的鱼也似乎正飘着香气向我游来。肚子经不住诱惑，又"咕咕——咕咕——"地直埋怨，好像在骂我没良心。

饿啊！

对了，紧紧裤带试试可不可以减轻我的"痛苦"。我将裤带又扣紧了一段。"好像舒服多了，一定是的。"我正安慰自己，肚子却又煞风景地叫唤起来——"咕哩咕噜"。

"完了，完了，还有半小时才下课，我可怎么熬得到哟！"我望眼欲穿地期待着下课，几乎瘫在课桌上。黑板上的一个个阿拉伯数字像插了翅膀似的，在我眼前飞来飞去。"巧克力、羊肉串、牛肉汤、饼干、蛋卷、米饭、鸡腿……"望着黑板，我胡思乱想，直咽口水，而胃是不知道什么叫画饼充饥的，它一波又一波地向我传送着饥饿感。

"我是一条饿红了眼的狼……"啊，糟了，老师讲课讲到哪里了，万一要问我某道题怎么做，我恐怕就要变成一只夹着尾巴的狗了。我咬紧牙，忍着饥饿，认真地听起课来。

"叮铃铃——"，我的妈呀！谢天谢地，总算下课了。我拿起书包就准备跑，可刚站起来就没有饿的感觉了，原来我已经饿过头了。

唉，也许人就是这样一种奇怪的动物吧！

你观察过自己笑的时候吗

"你注意过我是怎么笑的吗?"

"你是怎么笑的?"

"我问你呀!你注意过没有呀?"

"注意过呀!"

"那你说说我是怎么笑的。"

"张开嘴,大笑;抿着嘴,想笑又不敢笑;嘴角上扬,微笑。"

"你注意过我笑的声音吗?"

"当然。你的笑声非常有磁性,非常有感染力。"

"我笑的节奏是什么样的呢?"

"'哈哈——哈哈——'地不断地往上扬呀。"

"你注意过我笑时的面部表情吗?"

"让我想想。应该是眼角显现出一些皱纹,嘴尽可能大地张开,大白牙都露了出来,脸上的皮肤似乎都不够用了。"

"哈哈!你观察得蛮仔细嘛!谢谢你!"

"你怎么忽然对自己的笑这么感兴趣?是不是有什么情况?"

"老师要我们写'笑'。她逗我们说,真写不出来的话可以对着镜子写。而且,她让我们写的作文不能少于500字。"

"原来如此。我明白了,你们老师的意思是让你们练习细节描写,让你们先尽可能地把能写的内容都写出来。"

"可是这对于我们来说,是一个巨大的挑战啊!"

"我知道,你肯定会有办法的。"

"我能有什么办法呢?"

"你想想。"

"嗯——我是不是可以写几次笑呢?"

"我认为可以,而且每次的笑都应该不一样。"

"对呀!笑本来就有很多种,有真笑,有假笑;有微笑,有大笑;有发出声音的疯狂大笑,有藏在心底的欣慰的笑……"

"看看,一展开这内容可就丰富了,还愁没有内容可写吗?"

"笑的时候周围应该有其他人,我还可以写周围人对自己笑的反应,对吧?"

"那是很自然的呀!没有人而自己一个人笑,还笑出声,那多可怕呀!"我说着也笑了出来,因为我想象到了那种场景。

当我大笑的时候……

我是一个风趣幽默的人,就这一点,身边的同学都可以为我作证。我说笑话时,甚至只说一句就可以把同学们逗得哈哈大笑。这不,我又在给同学讲笑话了。一个笑话讲完了,我自己趴在桌子上哈哈大笑起来。而听我讲笑话的同学望着趴在桌子上大笑的我,顿了顿才恍然大悟道:"哦!我明白了。原来是这样啊!"紧接着,他也爆发出一阵笑声:"哈哈……哈哈……"

我不单单是一个可以轻轻松松地逗笑别人的人,我自己也是一个容易被逗笑的人。刚刚讲笑话时,我一开始硬忍着不笑,生生憋着,后来却边笑边讲完了笑话,讲完后便放声大笑起来。

嘴角不由自主地往上扬,嘴巴也没有办法,只能张到最大,我都觉得自己的嘴巴快不够用了!嘴巴一张开就露出了牙齿,幸好现在大笑时可以露出牙齿,如果回到以前那个笑不露齿的封建年代,我一定会憋出内伤的!不光嘴巴,我的喉咙也参与了这场活动,发出"哈哈……哈哈……"的声音。它似乎把声音开到了最大档,这让我想起了语文课上老师说的话:大笑但没有发出声音的人是最恐怖的!我可发出声音了,而且还是最大的声音!

因为嘴巴张得大,我的脸部也发生了变化。嘴唇旁边的肌肉好像皱在了一起;脸上的小酒窝也显现了出来,那是肌肉紧绷的缘故;眼眶中的泪水也盛不住了,顺着脸颊流了下来,虽然这泪水不像哭的时候那么多,我却也是边擦眼泪边笑,我知道自己看上去又哭又笑,一定让人觉得十分奇怪。

笑得时间久了,连肚皮都变得十分酸痛,但我依旧停不下来。我在那里笑得直不起腰来,很不舒服。真是痛并快乐着啊!

这时,我瞟到了其他人。他们都用一种异样的目光看着我,可能觉得我是有病忘记吃药了吧!我渐渐收敛了我的笑声,这才觉得脸上的肌肉十分酸麻,嘴唇也干巴巴的,我便趴在桌了上闭上了双眼,好弥补一下刚刚人笑时所耗费的精力……

将《记承天寺夜游》变成一篇优美的散文

"你知道苏轼吗?"小男孩儿问我。

"你有点看不起我了吧!"我微微一笑,说道。

"你知道他的《记承天寺夜游》吗?"小男孩儿不好意思地拍了拍自己的脑袋。

"你不是不久前刚在我这儿背诵过吗?"我笑着说,"你怎么都忘了呀!"

"老师让我们将这篇文章变成一篇优美的散文,这让我很头疼。"

"你不是有改写文章的经历吗?"

"可这篇不一样啊。"

"不一样在哪儿呢?"

"不一样在这篇文章没有情节,没有人物对话。我该从哪儿下手呢?"

"说得也是。我来帮你想一想——"我停了一会儿说,"苏轼被贬的事你是知道的,对不?张怀民被贬的原因你也略知一二,对不?苏轼在这样的夜晚去找张怀民,说明两人的关系肯定不一般,两人肯定志趣相投。从这些内容中,你可以猜出一些什么呢?"

"哈哈!果然厉害!你这样一讲我明白了。"小男孩儿一拍脑袋,"我应该从两人的处境入手,从月光入手,从他们对过去、未来的思考入手。你说对不对?"

"非常好!还有什么需要考虑的呢?"

"在这篇短文中,一切都是因月而起,因此,我应该用足够的篇幅来描述一下月光的美,这种美或许更能衬托出他们心中无言的悲伤。你说是不是?"

"哈哈!不错!你的体会蛮深刻的呢!否则,两人为什么会睡不着呢?"

"另外,我还要考虑一下这两个人在一起会谈点什么。这样,我作文的内容就可以丰富起来了。"

小院的月光

一轮月,似玉盘,在云端;一个人,心愁苦,无处诉。

这是一个小村,这是一轮圆月,这是一位诗人。

月夜,虫鸣,隐约夹杂着微风吹过树叶的沙沙声。不,也许还有一声重重的叹息吧!

一盏灯映衬着乡村的月光,门大开,隐约可以看到一个人。"明月几时有,把酒问青天……"他轻声吟道。片刻之后,只见他起身,缓步迈出小院,月光将长长的影子印在他的身后。

"咚—咚—咚—"轻扣柴扉。没隔多久,心有灵犀似的,门开了。

"怀民,今夜安好?"

"子瞻兄,别来无恙?"

"哈哈哈……"两人的笑声仿佛月光一般,柔和,空灵,没有任何杂质。

树影轻摇,映在地上,与两个人的影子融合在一起。

小院的月光,照亮了两个人影。盅酒入肠,怀民的眼角有了些许泪花,嘴巴欲张,却没吐出一个字来,似在无声地诉说着自己的悲哀;苏轼呢,发红的眼睛依旧盯着已空空如也的酒杯。

承天寺被月光包裹着,竹柏的影子摇曳着,空气中弥漫着一种淡淡的哀伤。

"月亮啊,月亮……"张怀民扬起手,将自己的酒杯摔在地上,碎片飞溅,飞溅的碎片似乎刺伤了他心中尚未愈合的伤口。"你不是坚持公正吗?朝廷奸臣当道,百姓苦不堪言,你怎么不管管!"他几乎是用尽全身的力气在咆哮。嘶吼之后,无尽的哀伤袭来,他的声音带了些哽咽,那哭声仿佛是从心底发出的,泪中似乎带有鲜血。

"别——别——"苏轼揽住张怀民的脖子,"那种破事管它干嘛!要不是皇帝老儿开恩,咱哥俩儿还能有机会在这喝酒?"话毕,他又灌了张怀民一杯

浊酒。

"不甘心……"张怀民几乎喃喃道。

"不甘心？不甘心有什么用呢！这时候越消沉，越容易被打败……"苏轼抿了一小口酒，看了看地上喝空的酒坛。

风吹过，淹没了苏轼的声音，似乎只有竹柏听到了他的声音。

苏轼看着月亮，回味着什么，领悟了什么。

月光仿佛照进了他的心里，"这样其实也蛮好的呀！"

* * *

《记承天寺夜游》原文：元丰六年十月十二日夜，解衣欲睡，月色入户，欣然起行。念无与为乐者，遂至承天寺寻张怀民。怀民亦未寝，相与步于中庭。庭下如积水空明，水中藻、荇交横，盖竹柏影也。何夜无月？何处无竹柏？但少闲人如吾两人者耳。

来一个智力测试,怎么样

"树上有十只鸟,开枪打死了一只,还有几只?"小男孩儿问我。

"哈哈!来考我了。我可不知道。"

"你想想呀!这种事情经常会发生在你身上,这是你的亲眼所见呀!"

"不说,除非你说清楚为什么突然问我这么个奇怪的问题。"

"哈哈!这是老师考我们的问题。"

"那你们的答案是什么?"

"有的说剩九只,有的说都飞走了。"

"结果呢?老师怎么评价这些答案的?"

"老师说,这个问题,西方有一个老师在各个国家教书时都问过他的学生,但东西方学生给出的答案完全不一样。"

"西方的学生是怎么回答的?"

"他们没有直接回答问题,而是很严肃地问了老师很多其他问题。结果,把老师给问晕了,哈哈!"

"他们都问了哪些让老师发晕的问题呢?"

"那个开枪的人有没有持枪证?谁给他的权力可以打死一只鸟?打鸟是不是违法行为?你说的树,是一棵树还是一片树林?这死了的鸟是被枪打死的还是被枪声吓死的?这些鸟中有没有听觉或者视觉有问题的?打鸟用的枪,是有声的还是无声的?这树生长在安静的地方还是吵闹的地方?……"

"能问出这些问题,很厉害呀!"

"是呀!老师在公布完西方学生问的这些问题后,让我们反思为什么我们没有想到这些问题,而是直接报出了自以为是的答案。"

"你们反思了吗?"

"我们反思了很多。"

"都反思了些什么呢?"

"通过反思我们发现,我们只是条件反射式地回答问题,而从没有想过老师提出的问题本身就存在问题;我们的头脑中根本没有问题意识;我们缺乏对生命的尊重;我们脑子里对他人没有怀疑,我们完全相信他人的话;我们没有属于自己的思考。"

"哈哈!你们的反思还蛮深刻呢!"

"老师还让我们总结,今后遇到类似的问题时,应该注意些什么,以及怎样避免这样的事情再次发生。"

"你们都有什么样的认识呢?"

"通过讨论,我们做了这样一些总结:今后,无论看到什么问题,我们都不要那么急着回答;要用脑子反复思考后再回答;不要随意相信任何东西,对所有东西都要持怀疑的态度;提出问题比回答问题本身更有价值,所以我们要善于质疑、敢于提出不同的看法。"

"我说你们老师厉害吧!你们应该感到非常幸运才对,这样的老师能帮助你们更好地提高认识水平。语文学习并不仅仅是学教材里的那几篇文章,而是要拓展你们的视野,拓宽你们的思路,引导你们进行思考。看,一个小小的故事就让你们有这样多的收获,真不简单!"

"老师还要我们将整个过程整理成一篇作文呢!"

"这等于是将整个过程作一次疏理,将你们的认识整理出来呀。非常棒!"

"还棒呢!同学们都炸开锅了。"

"那是因为你们没有发现这里面的价值,没有明白老师的良苦用心呀,孩子!"

"那你说,这样的作文怎样写呢?"

"哈哈!这可不需要问我。我的面前就站着一个写作高手呢!"

"你又拿我开玩笑!"

"没有呀!你难道不是写作高手吗?高手,把你的想法说给我听听吧!"

"唉,真拿你没办法。我想,这篇作文中最精彩的部分应该是反省部分,而这又必须在交代清楚前因后果后才能水到渠成,所以,这篇作文最重要的不是结构的设计,而是逻辑思路的清晰,你说对吧?"

"我说的没错吧?,你对作文的认识多深刻呀!这样的作文重在给人启发,所以最吸引人的不是情节,而是对问题的深刻思考。非常好!"

到底还有几只鸟

"树上有十只鸟,用枪打死了一只,还有几只?"针对这个问题,人们有很多种回答。

通常最直接的回答是:用枪打死了一只,其他的鸟都被吓飞了,所以树上没有鸟了。

没有人会马上想到这个题目本身有什么问题。而实际上这个问题本身就有许多漏洞:第一,这是一棵树还是一片树林,这会决定其他的鸟能否听到枪响;第二,打鸟是不是违法行为;第三,谁给你的权力可以打死鸟;第四,这死了的鸟是被枪打死的还是被枪声吓死的;第五,其他九只鸟的听觉或者视觉有没有问题,如果有的鸟的听力或视力有问题,结果会不一样;第六,如果允许打的话,打鸟用的枪是有声的无声的;第七,这树长在安静的地方还是吵闹的地方……

课堂上,在老师的提醒下,一个又一个的问题把我们给惊呆了。有了对这些问题的思考,我们的回答绝对不会像开始时那么直接、那么肯定、那么盲目。我们不得不展开更深层次的思考,把当时的时间、地点、环境、打鸟的工具、鸟的死法等因素综合在一起进行分析。分析之后我们发现,问题不像我们想的那么简单,之后的总结更让我们大吃一惊。

为什么我们没有想到这些问题,而是直接报出了答案呢?我们在看到问题时总是条件反射式地进行习惯性的回答,而没有认真地进行思考,没有从小的方面进行分析。习惯性思维干扰了我们对问题进行更深入更严谨地思考。

这给了我们很好的启示:我们应该认真地对待每一个问题,谨慎寻找问题背后的陷阱,而不只是习惯性的回答问题。

技巧点睛(十二)
寻找写作文的捷径

"今天课外活动时有同学跟我争论写作文有没有捷径可走。我说没有,他说有。你认为呢?"

"我认为是有捷径可走。"

"啊?那为什么到现在你都不愿意告诉我这个捷径?你还是不是我朋友了?"小男孩儿生气地说。

"我早就跟你说了呀!"我笑着说。

"你骗我。你跟我说过?我怎么从来都不记得?难道我失忆了不成?"

"不是的。"我微笑着说,"不是你失忆了,而是你一直在用这个捷径,所以你从来都没有注意过。"

"还骗!还骗!"小男孩儿气得直跺脚,"那你说这个捷径到底是什么?"

"是爱呀!"

"什么?爱?这也算捷径?你简直就是一个大骗子!"小男孩儿说着,几乎要扭头就走了。

"别急呀!"我仍然微笑着,"你听我解释。"

"好吧!"

"因为你爱它,所以你喜欢阅读;因为你爱它,所以你喜欢积累;因为你爱它,所以你喜欢思考;因为你爱它,所以,你喜欢写作。写作能力如何才能提高呢?只有在不断的写作中才能提高。所谓'拳不离手,曲不离口',就是这个道理。越写你越感兴趣,越感兴趣你越觉得它不难。这不就是最好的捷径吗?"

"哦——"小男孩儿长长地说了一声,"原来你是这个意思呀!看来我误会你了。"

"对呀。很多人都觉得数学难学,特别是越往后面学越觉得难,可数学家一定不觉得难。"

"为什么呢?"

"因为如果一旦有这个感觉的话,他们不可能在这个领域研究一辈子,早就退出了。对不对?"

"应该是这样。"小男孩儿说。

"而且他们一定觉得研究数学很有趣。你想呀,又没有人逼着他们去研究,是他们自愿去研究的,如果对数学没有兴趣,他们怎么可能坚持一辈子呢?"

"有道理。"

"所以呀,所谓捷径,其实就是兴趣。"

"但我同学说的捷径是——"小男孩儿说。

"你想说的我都清楚。你同学所说的捷径,无非是背一些、抄一些优秀的作品,需要的时候,对它们进行改头换面,对不对?"

"是的。"

"你认为这是捷径吗?"

"我认为不是,所以我才说没有捷径呀。"

"这是自欺欺人。你想,这样有可能提高写作水平吗?这只是糊弄自己、糊弄老师而已。"

"老师难道没有发现?"小男孩儿不解地问。

"你想,一个人连自己都糊弄,别人还怎么帮你?老师帮得了他一次,帮不了永远,对不对?所以,即使老师发现了,制止一次,又能有什么作用呢?"我长长地叹了一口气。

小男孩儿连连点头。

结束语：大树的一点思考

看着小男孩儿的背影渐渐消失在远处，我有一丝丝失落，但更多的是欣慰和愉悦：我为他在写作上的进步而感到欣慰，为他的健康成长而感到愉悦。

在与小男孩儿交往的过程中，他身上洋溢着的热情自始至终感染着我。这种热情，让他愿意毫无保留地与我交流；这种热情，使得他的作文水平不断提高。他不但愿意写老师布置的各类作文，也愿意写一写自己的各种感悟和认识，这是非常难得的。

小男孩儿有一个看似模糊却又很明确的目标，那就是将自己打造成一个优秀的人才。为此，他不断地学习各种知识，丰富自己。在这一过程中，小男孩儿慢慢地对阅读产生了兴趣，对语言有了属于自己的感悟；他积累了大量词汇，这些都为他的写作奠定了良好的基础。

小男孩儿有一颗博爱的心。他爱父母，爱爷爷奶奶，爱老师，爱同学，爱世间万物。因为爱，他有了一颗善于感受和体验的心；各种细腻的感受和体验，让他日渐写出属于他自己的、有特色的作品。

小男孩儿还有神奇的想象力。他想象树叶去旅行；想象克隆人带来的快乐与烦恼；想象假如父母变成了小孩，自己该如何养育他们；想象假如地球失去了引力，世界会变成什么样子……这种神奇的想象力会成为他的隐性财富，会为他未来的创造力提供丰富的营养。爱因斯坦曾说过，想象力比知识更重要。

小男孩儿对这个世界充满了好奇。他试着用自己稚嫩的双眼，去观察这个丰富多彩的世界，他不仅观察动物、植物，还观察人的种种行为。他看到了校门口众多接送孩子的家长，看到了随处乱扔的垃圾，感受到学校课程设置得不合理,感受到学校的作业过多给同学们带来的压力……观察加上思考,让他思维的深度超出了同龄人。这让他对这个社会、这个世界有了属于自己的认识。

小男孩儿的坚持最让我感动。数年来他坚持写作,这练就了他较高水平的写作能力。虽然他对老师布置的题目偶有微词,但这并没有影响他对写作的热爱,也没有影响他前行的步伐,这是他的作文水平得以提高的最重要的内在因素。如果没有这一点,一切其他的写作理论和技巧都只能是纸上谈兵。因为,对语言的运用只有在写作中才会不断地熟练,只有在写作中才能感受到写作的价值,只有在写作中才能感受到写作的魅力,只有在写作中才能感受到自己的进步。间或写一两篇作文,谁都能做到,难的是数年的坚持。就像我,作为一棵树,重要的不是一天、一年长了多高或者多粗,而是十年、百年的坚持,才让我成为一棵参天大树。人们在惊异于我的挺拔与高大时,很少注意到我的年轮,很少注意到我已经在这片土地上坚守了多少年。

写作的技巧、优秀的老师、高素质的父母,都代替不了孩子自己的努力。正如我在《寻找作文的捷径》中所说,"兴趣"和"爱"才是作文成功的最大捷径,也是每一项事业成功的关键。

小男孩儿已经踏上了新的旅程,有些寂寞的我,会时常回忆起我们当年交流时的场景。我在想,如果父母、老师能用我和小男孩儿交流时的这种平和、平等、开放、包容的心态和方式的话,一定会有更多的孩子因此而获得成功。因为交流的实质是敞开心扉、是获得能量、是获得认可、是激发内在的潜能、是在交流中有新的发现、是让内在朦胧的认识渐渐明朗。交流,不是强迫对方接受自己的观点,而是欣赏,是鼓励,是激发。在这方面,我们的父母和老师尚需努力。

小男孩儿在写作方面成功的经历,或许能给每一个希望成功的孩子或家长很好的启发,真心希望大家能将这种启发化为自己的实际行动,从而在成材的路上越走越顺畅。